인권 운동가 이야기

인간답게
평등하게
그래서
인권

차례

프롤로그 ★ 4
인권이란 뭘까?

이슬람 여성의 교육권 ★ 8
나는 말랄라다!
- 말랄라 유사프자이

시각 장애인의 글자, 점자 ★ 22
눈먼 사람들에게 새 세상을 열어 주다
- 루이 브라이

살충제를 맞지 않을 권리 ★ 40
살충제가 얼마나 무서운 독인지 알게 되다
- 레이첼 카슨

신출귀몰 노예 해방 전사 ★ 54
위대한 꿈은
꿈꾸는 사람으로부터 시작된다
- 해리엇 터브먼

여성의 참정권 ★ 70
미국 시민이 투표한 것이 죄입니까?
- 수잔 B. 앤터니

흑인의 시민권 ★ 88
인종 분리법이 폐지될 때까지
우리는 버스를 타지 않겠다
- 로자 팍스와 마틴 루터 킹 목사

노동자의 권리와 노동조합 ★ 112
내 죽음을 헛되이 하지 말라
- 청년 노동자 전태일

어린이의 인권을 찾는 일 ★ 134
가혹한 어린이 노동을 막아라
- 국제앰네스티

 프롤로그

인권이란 뭘까?

지구인이 지구인답게 살 수 있는 권리

　인권은 사람이 태어나서 하늘로부터 받은 첫 권리를 말한다. 한마디로 사람이 사람답게 살 수 있는 권리라 할 수 있다. 이 권리는 다른 사람에게 줄 수도 없고, 함부로 포기해서도 안 된다. 모든 인간이 똑같이 갖는 권리이기 때문에 나라마다 다르지도 않다. 이런 의미에서 인권은 '지구인이 지구인답게 살 수 있는 권리'이기도 하다.

　우리나라는 헌법과 법률(2016년 3월 기준, 1719개)로 인권이 침해받았는지 판단하고 보장한다. 우리는 인권과 관련하여 '침해'란 말을 자주 듣게 될 것이다. "그렇게 말하면 인권 침해야!" 하는 것처럼, 침해란 말을 자주 쓴다.

이 말은 아주 어려운데, 한자 뜻을 풀이하면 쉽다. 침(侵)은 '침략 또는 침범할 침'이고, 해(害)는 '해칠 해'이다. 그러니까 '인권 침해'는 몸과 마음에 상처를 주는 것을 뜻한다고 볼 수 있다.

　우리나라 헌법은 국민의 기본권을 보장한다. 헌법 제10조는 '인간으로서의 존엄과 가치, 행복을 추구할 권리'를 정하고 있다. 그리고 제11조는 '평등권'을 말하고 있다.

모든 국민은 인간으로서의 존엄과 가치가 있으며, 행복을 추구할 권리가 있다. 국가는 개인의 기본 인권을 가장 먼저 생각해야 하고, 이를 보장할 의무가 있다. (헌법 제10조)

모든 국민은 법 앞에 평등하다. 누구든지 성별·종교 또는 신분에 따라 정치·경제·사회·문화 생활의 모든 영역에서 차별을 받지 아니한다. (헌법 제11조)

여기에 이어서, 헌법 제12조부터 제22조까지는 국민의 기본권을 낱낱이 정하고 있다. 신체의 자유, 거주·이전의 자유, 직업 선택의 자유, 주거의 자유, 사생활의 비밀과 자유, 통신의 비밀과 자유, 양심의 자유, 종교의 자유, 언론·출판·집회·결사의 자유, 학문과 예술의 자유를 조목조목 보장하고 있다. 이렇게 헌법과 법률로 대한민국 국민의 기본권을 세세하게 정해 놓고 국민의 인권을 보호하고 있는 것이다.

하지만 아무리 헌법과 법률이 완전하게 갖추어져 있다 하더라도 사회가 건강하지 않으면 이런 법은 아무 소용이 없다. 아직도 지구 상에는 독재자가 총칼로 권력을 휘두르는 나라가 있다. 이런 나라 또한 헌법이 있고, 그 헌법 안에서는 국민의 기본권과 인권을 알뜰히 인정하고 있다. 하지만 기본권은 지켜지지 않고, 수많은 사람들이 독재자에 대항하다 감옥에 갇히고 있는 실정이다. 이런 사람들을 '양심수'라 한다. 자신의 양심에 따라 자유롭게 사상을 말하고 민주주의를 지키고자 하지만, 독재자들은 헌법에 정해 놓은 국민의 기본권과 인권을 무시하고 오히려 그들을 감옥에 가두고 있다.

우리나라 헌법 제11조에서는 "모든 국민은 법 앞에 평등하다"고 하지만 아직도 대한민국에는 법 앞에 평등하지 않은 사람들이 많다. 이는 우리나라뿐만 아니라 세계 선진국 여러 나라에서도 그 사정은 마찬가지이다. 모든 국민이 법 앞에 평등한 나라는 한마디로 인권이 지켜지는 나라이고, 상식이 통하는 사회라 할 수 있을 것이다.

인권은 멀리 있지 않다

2005년 3월 25일 국가인권위원회에서는 초등학생에게 일기를 강제로 쓰게 하고 그것을 검사하고 평가하는 것이 어린이 인권을 침해하는 것에 해당한다고 밝힌다. 초등학교 일기 검사가 사생활의 비밀을 지킬 어린이의 자유를 해치기 때문이다. 그래서 국가인권위원회에서는 초등학교 일기 쓰기 교육이 어린이 인권을 침해하지 않는 방식으로 바뀌었으면 좋겠다는 의견을 낸다. 충분히 일리가 있는 지적이다.

2014년 5월 국가인권위원회에서는 구치소 진정실 화장실에 칸막이가 없는 것을 문제 삼는다. 구치소는 구속된 수용자(피의자 또는 피고인)가 법원의 최종 판결이 날 때까지 머무는 시설이다. 여기에 진정실이 있는데, 말 그대로 흥분한 사람이 마음을 안정할 때까지 잠깐 쉬는 곳이다. 그런데 흥분한 상태이기 때문에 스스로 목숨을 끊으려 할 수도 있다. 그래서 구치소 직원들은 그 사람이 하는 행동을 처음부터 끝까지 지켜봐야 한다. 볼일을 볼 때도 마찬가지다. 문제는 화장실 칸막이가 하나도 없다는 점이다. 더구나 CCTV가 설치되어 있어 볼일을 볼 때 수치심을 느낄 수밖에 없다. 국가인권위원회에서는 구치소 나름의 사정은 충분히 이해하나 수용자에게 수치심을 느끼게 하는 것은 인권 침해라 하면서, 진정실 화장실에 임시 가림막을 치고 CCTV 각도를 조절해 볼일을 보는 사람 가슴 위로만 찍히도록 하면 좋겠다는 의견을 낸다. 인간에게 수치심을 일으키게 하는 것 또한 인권 침해에 해당한다는 의견이다.

2014년 3월 프로 야구 롯데자이언츠 구단은 원정 경기 기간에 선수들이 묵는 호텔 CCTV를 통해 선수들의 외출을 감시해 문제가 된 적이 있다. 선수들이 외출한 시간, 들어온 시간을 기록해 관리를 하고 구단에 보고를 한 것이다. 이것은 명백히 헌법 제17조에서 보장하는 '사생활의 비밀과 자유'를 침해하는 행위라 할 수 있다. 국가인권위원회에서는 앞으로 두 번 다시 이런 일이 일어나지 않도록 한국야구위원회에 의견을 냈다.
　　이렇게 현대 사회의 인권은 멀리 있지 않다. 마음을 불편하게 하는 것, 수치심을 느끼게 하는 것, 사생활의 비밀을 지킬 수 없는 형편, 이런 모든 것이 인권 침해이다. 이처럼 현대의 인권은 개인의 세세한 것까지 아우르고 있기 때문에 헌법과 법률만 가지고서는 판단할 수 없는 일이 있을 수밖에 없다. 그래서 우리나라는 2001년 11월 25일 대한민국 국민의 인권 문제를 전문으로 담당하는 관청 국가인권위원회를 꾸린다.
　　몇십 년 전만 하더라도 우리가 상식으로 알고 있는 것이 지켜지지 않았다. 미국에서 노예 제도가 철폐된 것은 1865년이고, 여성이 투표를 할 수 있었던 것은 1920년이고, 인종 차별이 없어진 것은 1964년이다. 인권을 보장받기 위한 싸움은 국민이 직접 정치에 참여하는 참정권(선거권)을 얻는 것에서 무상 교육·무상 의료를 비롯한 사회 복지 제도를 갖추는 것으로 이어졌다. 여기에 여성과 학생, 어린아이, 소수자, 이주민의 인권을 보장하는 운동으로 발전했다. 현대 사회의 인권은 이와 더불어 개인의 인권을 지키는 운동, 지구촌 세계 인권의 문제, 자연의 권리를 인정하자는 자연권 운동으로 그 영역이 차츰 넓어지고 있다.

연필 한 자루, 책 한 권이 세상을 바꿀 수 있다

　노벨재단 노벨위원회는 2014년 12월 10일 열일곱 살 난 파키스탄 여자아이 말랄라 유사프자이(Malala Yousafzai, 1997년~)를 2014년 '노벨 평화상' 수상자로 정했다. 노벨위원회는 말랄라가 어린이와 청소년에 대한 억압에 반대하고, 세계 어린이 교육권을 위해 투쟁한 공로를 높이 사 노벨 평화상 수상자로 선정한 것이다. 말랄라는 지금까지 노벨 평화상을 받은 사람 가운데 나이가 가장 어리다.

　말랄라는 노벨 평화상을 받기에 앞서 일 년 전 2013년 7월 12일, 청소년유엔총회에서 세계 지도자들에게 자신의 생각을 간절히 호소한다.

친구 여러분, 2012년 10월 9일, 탈레반은 내 왼쪽 이마에 총을 쏘았습니다. 그들은 총으로 나를 막을 수 있을 거라 생각했습니다. 하지만 그들은 실패했습니다. 총에 맞아 죽은 것은 나의 나약함과 두려움, 절망이었습니다. 나에겐 새로운 힘과 용기가 생겨났습니다. 나는 예나 지금이나 여전히 말랄라입니다.

형제자매 여러분, 지금도 수많은 어린이들이 가난과 폭력, 차별로 고통받고 있다는 사실을 잊어서는 안 됩니다. 우리 다 같이 문맹과 가난, 폭력에 맞서 힘차게 싸워 나갑시다. 우리 모두 책과 연필을 집어 듭시다. 책과 연필이야말

로 우리한테 있는 가장 강력한 무기입니다. 학생 한 사람, 선생님 한 사람, 연필 한 자루, 책 한 권이 세상을 바꿀 수 있습니다. 무엇보다도 가르치고 배우는 것이 중요합니다. 그 길에 함께 나서 주십시오.

 반기문 유엔 총장은 말랄라가 유엔에서 연설한 날을 '말랄라의 날(7월 12일)'로 정하고, 이 소녀를 '우리의 영웅'이라 했다. 2013년 1월 〈독일의 소리〉는 말랄라를 '세계에서 가장 유명한 10대'로 뽑는다. 도대체 말랄라는 어떤 일을 했기에 그 어린 나이에 노벨 평화상을 탄 것일까? 그리고 탈레반은 왜 말랄라를 죽이려 한 것일까?

알라도 하늘이 왜 파란지 알길 원한다

 말랄라의 고향은 파키스탄 북서부 스와트 강 언저리에 있는 스와트다. 이곳은 아프가니스탄과 가까워서 이슬람 원리주의 무장 세력 탈레반의 지배를 받았다. 탈레반은 이슬람교를 옛날 그대로 엄격하게 따르는 무장 단체다. 특히 여자가 집 밖에 나가는 것을 엄격하게 금지한다. 예부터 이슬람교에서 여자는 집 안에서만 지내야 했다. 이렇게 여자를 사회로부터 강제로 떼어 놓는 것을 '푸르다(purdah)'라 한다. 집에 손님이 와도 여자는 집 안에 있어야 하고, 남자가 대문을 열어 준다. 또 밖에 나갈 일이 있으면 남자와 같이 가야 하며, 반드시 부르카(burqah)를 걸쳐 살이 드러나지 않게 해야 한다.

파키스탄 인구는 1억 8000만 명이고, 이 가운데 96퍼센트가 이슬람교도다. 말랄라 집 식구들도 이슬람교를 믿고 있다. 다만 말랄라 식구들은 옛날 이슬람교가 여자들의 교육과 사회생활을 너무 억압했기 때문에 현대에 맞게 바뀌어야 한다고 믿는다.

부르카를 입은 이슬람 여성

말랄라의 아버지 지아우딘(Ziauddin)은 스와트에 '쿠샬 학교'를 세우고 아이들을 가르치는 교육 운동가다. 그는 세 학교를 운영했다. 학생은 1100명에 이르고 교사는 70명이다. 이 세 학교 가운데 여학교도 있다. 탈레반은 여자들이 학교에 다니는 것을 금지한다. 학교에 가려면 여자가 밖에 나가야 하기 때문에 '푸르다'를 어기는 일이라 본 것이다. 하지만 말랄라는 이슬람의 '알라'도 결코 그렇게 생각하지 않을 것이라 믿는다.

이슬람교에서는 아이들이 교육 받을 권리가 있다고 말한다. 《코란》에도 그렇게 쓰여 있다. 알라는 하늘이 왜 파란지 알길 원하며, 바다와 별에 대해 배우길 바란다. 현재 지구촌에서 초등학교에 가지 못하는 아이들은 5700만 명이고, 그중 3200만 명이 여자아이이다. 이 가운데서도 파키스탄은 더 심하다. 파키스탄 헌법은 파키스탄 어린이에게 교육권을 보장하고 있지만, 510만 명이 초등학교에 다니

지 못하고 있다. 인구 가운데 5000만 명이 글을 못 읽으며, 이 가운데 3분의 2가 여성이다.

말랄라는 2009년 열두 살 때 영국 BBC 방송 사이트 우르두어 블로그에 익명으로 탈레반 점령지의 실상을 올린다. 특히 탈레반의 여성 교육 금지가 잘못되었다는 것을 아주 생생하게 보도한다. 이 블로그가 인기가 있자 《뉴욕 타임스》는 말랄라와 그의 아버지 지아우딘의 교육 운동을 중심으로 다큐멘터리를 찍는다. 이렇게 해서 말랄라는 파키스탄을 넘어 온 세계에 이름이 알려진다.

다큐멘터리가 세계에 알려진 뒤 말랄라 식구들은 내내 협박을 받는다. 신문에 공개로 협박 편지가 실리기도 하고, 쪽지나 전화로도 시달린다.

나는 말랄라다!

2012년 10월 9일, 말랄라는 2학기 중간고사를 치르고 쿠샬 학교 버스를 타고 집으로 가는 중 테러를 당한다. 말랄라 마을은 몇 해 전 파키스탄 정부군이 들어와 탈레반을 아프가니스탄 접경 지역으로 몰아냈다.

파키스탄 정부군 검문소를 200미터 앞두고 밝은색 옷을 입고 턱수염을 기른 젊은 남자가 나타났다. 그는 도로로 걸어 나와 버스를 세운다.

"이게 쿠샬 학교 버스요?"

학교 버스 기사 우스만 바이잔은 버스 옆면에 학교 이름이 쓰여 있기 때문에 아주 바보 같은 질문이라고 생각했다. 그래서 시큰둥하게 대답한다.

"맞아요."

그런데 하얀 옷을 입은 또 다른 젊은 남자가 버스 뒤편으로 다가와 올라탔다. 남자는 챙이 달린 모자를 쓰고 마치 독감에 걸린 사람처럼 코와 입을 손수건으로 가리고 있었다.

"말랄라가 누구냐?"

그가 물었다.

아무도 대답하지 않았지만 몇몇 아이들이 말랄라를 바라보았다. 그때 말랄라는 머리 위로 스카프를 쓰기는 했지만 얼굴을 가리지 않았다. 남자는 콜트 45구경 검은 권총을 빼 들었다. 그리고 잇달아 세 발을 쐈다.

첫 번째 총탄은 말랄라 왼쪽 눈 옆 머리뼈를 뚫고 나와 왼쪽 어깨뼈에 박혔다. 왼쪽 귀에서 피를 흘리며 친구 모니바 앞으로 쓰러졌다. 뒤이은 두 발은 옆에 있는 동무들이 맞았다. 나중에 친구들이 말해 주었는데, 그 남자의 권총 든 손이 마구 흔들렸다고 한다. 곧바로 국군 통합 병원으로 가 응급 수술을 받기는 했지만 목숨이 위험했다. 여러 사람들의 도움으로 10월 16일 말랄라는 식구들과 함께 영국 버

밍엄 병원으로 가 치료를 받고 살아난다. 이 사건 이후 파키스탄 여성들은 단지 학교 가는 일로 목숨을 걸어야 하는 어린아이들의 현실을 온 세계에 알리기 위해 '나는 말랄라다(I am Malala)' 글씨가 쓰인 티셔츠를 입고 거리를 누빈다.

  이 사건은 워낙 무서운 사건이었기 때문에 세계 여론이 들끓었다. 모두 다 열다섯 살 어린 소녀에게 테러를 한 탈레반을 비판했다. 탈레반이 말랄라를 공격한 것은 아버지와 말랄라가 여성 교육을 위해 힘썼기 때문이다.

  지금 말랄라와 식구들은 고향으로 갈 수 없다. 그곳에 가면 또 다른 테러가 기다리고 있기 때문이다. 그들은 지금 영국 버밍엄에 머물면서 조국 파키스탄의 어린이 교육권뿐만 아니라 지구촌 여러 나라에서 소외되고 억압받는 어린이의 인권을 위해 힘쓰고 있다.

노벨 평화상은 끝이 아니라 시작입니다

말랄라가 머리카락을 넘기면 아버지는 왼쪽 머리에 난 상처를 들여다보며 눈물을 흘린다. 말랄라는 편하게 눈을 깜박일 수 없고, 말할 때 왼쪽 눈이 자꾸 감긴다.

파키스탄에서 여학생들은 지금도 살해당하고, 여학교에는 폭탄이 떨어진다. 이슬람 사람들은 아이들이 잘 때 머리카락 한 올도 건드리지 않는다. 그런데도 이런 끔찍한 테러가 여전히 벌어지고 있는 것이다. 탈레반의 폭탄 테러도 두렵지만 이런 탈레반을 잡겠다고 날아드는 미국의 무인 폭격기도 무섭기는 매한가지다. 무인 폭격기는 테러주의자뿐만 아니라 민간인 마을을 초토화했다. 그래서 말랄라는 2013년 미국 대통령 오바마를 만난 자리에서 미국의 무인 폭격기를 파키스탄에 보내지 말아 달라고 부탁한다.

말랄라는 탈레반에게 총을 맞은 소녀가 아닌 지구촌 어린이 교육을 위해 싸운 소녀로 기억되고 싶어 한다. 말랄라는 조국으로 돌아갈 수 없는 처지이지만 누구보다도 파키스탄의 앞날을 걱정하고 파키스탄에 하루빨리 민주주의가 오기를 바라고 있다. 말랄라는 어린이 인권을 위해 일한 공로를 인정받아 2013년 국제어린이평화상, 2014년 세계어린이상, 2014년 필라델피아 자유메달을 받았다. 2014년 말랄라는 노벨 평화상을 받으면서 아래와 같이 말한다.

파키스탄 젊은 여성으로서 노벨 평화상을 받게 되어 영광입니다.
제가 노벨 평화상을 받은 것은 그동안 제가 무슨 일을 했기 때문이라기보다는 앞으로 제가 해야 할 일을 더 열심히 하라는 뜻으로 받아들이겠습니다.
노벨 평화상은 끝이 아니라 시작입니다. 노벨 평화상은 도움이 필요한 지구촌 모든 곳에 관심을 갖는 일입니다. 지금도 소외받고 억압받는 지구촌 어린이를 위해 더 힘써 달라는 부탁이라고 생각합니다.

-2014년 12월 10일 노벨 평화상 수상 소감에서

미국은 파키스탄에 무인 폭격기를 보내지 말아 주세요!

어린이에게 교육 받을 기회를 주세요!

말랄라의 고향은 파키스탄 북서부 스와트 강 언저리에 있는 스와트이다. 이곳은 아프가니스탄과 가까워서 이슬람 원리주의 무장 세력 탈레반의 지배를 받았다. 탈레반은 여자가 밖에 나가는 것을 엄격하게 금지한다. 여자를 사회로부터 강제로 떼어 놓는 것을 '푸르다(purdah)'라 한다.

《코란》에는 이렇게 쓰여 있다!

아이들은 교육 받을 권리가 있다.

알라는 하늘이 왜 파란지 알길 원하다.

말랄라의 아버지는 '쿠샬 학교'를 세워 아이들을 가르치는 교육자였다.

책 한 권이 세상을 바꿀 수 있단다.

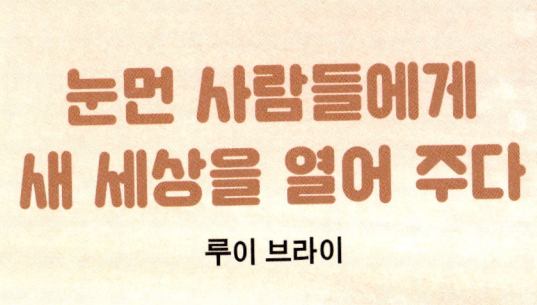

눈먼 사람들에게 새 세상을 열어 주다

루이 브라이

시각 장애인의 글자, 점자

엄마, 아침은 언제 와요?

프랑스 남부 꾸브레이 마을에 가면 '루이 브라이 광장'이 있다. 이곳 한구석에 눈먼 사람을 위해 점자를 만든 루이 브라이(Louis Braille, 1809~1852년)를 기념하여 세운 비석이 있는데, 비석 아래 금속판에 이런 글귀가 새겨져 있다.

> **1809년 1월 4일**
> 이곳에서 눈먼 사람들을 위해 점자를 발명한 루이 브라이가 태어났다.
> 그는 앞을 보지 못하는 사람들을 위해 지식의 문을 열어 주었다.

루이는 앞을 못 보는 사람들이 책을 읽고 글을 쓸 수 있는 문자, 곧 '점자'를 발명한 사람이다.

루이의 아버지는 말 마구를 만드는 장인이었다. 그는 "내가 프랑스에서 마구를 가장 잘 만들어!" 할 정도로 자부심이 대단했다. 뿐만 아니라 실력도 아주 좋았다. 그래서 멀리 사는 사람들도 아버지 시몬 브라이에게 마구와 안장을 주문하러 왔다.

아버지 작업장에는 마구와 안장을 만들 때 쓰는 갖가지 도구가 널려 있었다. 어린 루이는 이런 도구를 볼 때마다 가지고 놀고 싶었다.

하지만 아버지는 루이와 눈을 맞추며 엄하게 말했다.

"루이, 이 도구는 너무 날카로워서 네가 가지고 놀기에는 위험해. 그러니 절대 손을 대서는 안 돼. 알았지?"

어느 봄날, 루이는 심심했다. 동생은 누나와 마을로 놀러 나가고 엄마는 텃밭에서 김을 매고 있었다. 아버지 작업장을 지날 때 가죽 냄새가 훅 풍겼다. 루이는 작업장으로 들어갔다. 마침 작업대에는 가죽과 송곳이 놓여 있었다. 루이는 아버지처럼 바닥에 놓인 가죽에 구멍을 뚫어 보고 싶었다. 그런데 가죽도, 송곳 손잡이도 미끄러웠다. 루이는 조심스럽게 송곳 손잡이를 잡고 송곳 끝에 힘을 모았다. 그런데 송곳 끝이 앞으로 미끄러지면서 손잡이가 바닥에 부딪혔고, 그 충격에 송곳이 위로 툭 튀어 올라 루이 눈에 박혀 버렸다. 루이는 아파 소리를 질렀고 텃밭에서 어머니가 달려왔다. 의사가 급히 왔지만 상처가 너무 심해 어떻게 손쓸 방법이 없었다. 더구나 다친 눈이 세균에 감염되었는데, 어린 루이가 자꾸 문질러 다른 눈까지 감염되었다.

처음 얼마 동안은 흐릿하게나마 앞을 볼 수 있었다. 하지만 시간이 지나면서 루이는 아무것도 볼 수 없었다. 그때 루이는 세 살이었기 때문에 자신에게 무슨 일이 일어났는지 알 수 없었다. 세상이 온통 깜깜할 뿐이었다. 그래서 자꾸 "엄마, 아침은 언제 와요?" 하고 물었다. 부모님도, 동생과 누나도, 앞으로 루이에게 아침은 다시 오지 않으리라는 것을 알고 있었다. 그래서 더 마음이 찢어질 듯 아팠다.

특수 학교 파리 왕립맹아학교에 들어가다

1800년대 초, 프랑스 사회에서 눈먼 아이들은 학교에 갈 수 없었다. 루이도 마찬가지였다. 루이가 여섯 살이 되던 해 꾸브레이 마을 성당에 자크 파뤼 신부님이 새로 오셨다. 신부님은 하루빨리 마을 사람들 사정을 알고 싶었다. 그래서 집집마다 찾아다니며 신자들을 만나 보았다. 오래지 않아 루이네 집 차례가 되었다. 신부님은 루이의 총명한 얼굴을 바라보며 생각했다.

'저토록 훌륭한 영혼을 그대로 내버려 둔다는 것은 얼마나 부끄러운 일인가?'

신부님은 기막힌 생각이 떠올랐다. 꾸브레이 마을 학교에 새로 오신 앙트완 베슈레 선생님을 찾아가 루이를 가르쳐 달라고 부탁한 것이다. 베슈레 선생님은 한 번도 맹인 학생을 가르쳐 본 적이 없어 머뭇거렸다. 그런데 그는 무척 따뜻하고 너그러운 사람이었다. 신부님 손을 잡고 루이를 한번 가르쳐 보겠다고 했다.

　이렇게 해서 루이는 학교에 다닐 수 있었다. 루이는 기억력이 남달랐다. 정신을 바짝 차리고 선생님 말을 하나도 놓치지 않았다. 선생님이 한 말을 한 달이 지난 뒤에도 거의 다 기억해 냈다. 수학 문제도 암산으로 금방 풀었다.

　초등학교를 졸업할 무렵이 되자 파뤼 신부님은 걱정이 되었다. 루이가 공부를 계속하려면 맹인을 전문으로 가르치는 특수 학교에 가야 하기 때문이다. 신부님은 마을에서 가장 잘살고 덕망이 높은 오르빌리에 후작을 찾아갔다. 후작의 추천서를 받을 수 있다면 '파리 왕립맹아학교'에 들어갈 수 있기 때문이다. 후작은 기꺼이 추천서를 써 주었다. 후작의 추천서를 보내고 얼마 지나지 않아 파리 왕립맹아학교에서 입학을 허가한다는 답장이 왔다.

이건 우리 글자가 아니라고!

　왕립맹아학교에는 100명쯤 되는 시각 장애 학생들이 있었다. 루이는 그동안 한 번도 집을 떠나 본 적이 없었던지라 집이 그리워 깊은 잠에 들지 못했다. 무엇보다도 루이를 괴롭힌 것은 습기였다. 학교 가까이에 강이 흐르고 있어 늘 공기가 차갑고 축축했다. 얼굴은 날

돋을새김 인쇄

이 갈수록 창백해졌다. 루이뿐만 아니라 다른 아이들도 끊임없이 밭은기침을 해 댔다. 학교를 방문하는 순회 의사도 습한 공기가 아이들의 폐에 안 좋다고 했다.

무척 바쁜 일과 속에서 몇 달이 훌쩍 지나갔다. 그런데 한 가지 이상한 것이 있었다. 그것은 읽기 수업이었다. 루이는 맹아학교에 오면 새로운 읽기 방식을 배울 줄 알았다. 그런데 그 방법은 초등학교 때 선생님에게 들었던 그 방법이었다. 이것 말고는 따로 없었다.

1820년 무렵 맹인들이 책을 읽을 수 있는 방법은 오직 한 가지뿐이었다. 종이 뒷면을 글자 모양대로 눌러 글자가 종이 위로 볼록 솟아오르게 인쇄한 책을 읽는 것이었다. 이런 인쇄 방법을 '돋을새김' 인쇄라 한다. 볼록 솟은 글자를 손가락 끝으로 짚으며 읽는 것이다. 이 방법이 가장 쉽다고 했지만 결코 쉬운 게 아니었다. 몇몇 글자는 촉감으로 읽을 수 있었다. 하지만 거의 모든 글자가 구별하기 힘들었다. Q와 O, O와 C는 거의 같은 글자처럼 느껴졌다. I와 T는 구별하기 힘들었고, R과 B는 정말 비슷했다. 책을 읽기가 너무 힘들었다. 학교에서 가장 뛰어난 루이였지만 한 문장을 다 읽기도 전에 문장 첫머리가 생각나지 않았다. 그럴 때마다 앞으로 돌아가 다시 처음부터 읽어야 했다. 더구나 이렇게 책 한 권을 읽는다면 몇 달도 더 걸릴 것이 분명했다. 루이는 돋을새김 인쇄 책을 읽다가 진저리를 치며 소리쳤다.

"이건 아니야! 이건 우리 글자가 아니라고!"

열다섯 살 소년, 드디어 점자를 만들다

1821년 어느 봄날, 샤를 바르비에 대위가 학교에 왔다. 그는 어둠 속에서도 병사들에게 명령을 전달할 수 있는 '야간 문자'를 개발했다. 대위는 이 방법이 맹인들에게도 도움이 될 것이라 여겼다.

야간 문자는 돋을새김 점으로 된 글자였다. 낱말의 '소리'를 정해진 점으로 표시했다. 두툼한 종잇장을 끝이 뭉툭한 송곳으로 꾹 누르거나 구멍을 뚫었다. 그런 다음 이것을 뒤집으면 돋을새김된 점이 손끝에 느껴졌다. 아무것도 안 보이는 야간 전투 때 쪽지에 '돌격 앞으로', '뒤로 후퇴' 같은 말을 점으로 표시해 병사들에게 전달하는 문자인 것이다.

점!

학생들은 손가락으로 점을 눌러 보고 무척 흥분했다. 점 크기는 작았지만 손가

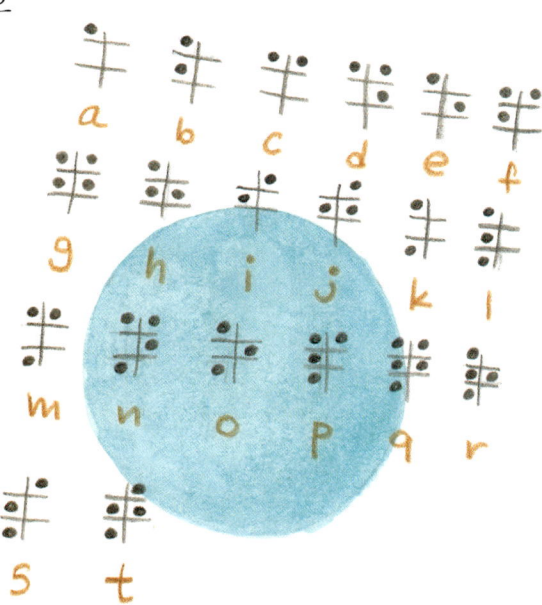

락 끝으로 더듬기에 더없이 좋을 만큼 작았다. 뿐만 아니라 구별하기도 무척 쉬웠다. 하지만 얼마 지나지 않아 야간 문자 또한 문제가 많다는 것을 알았다. 알파벳 대문자라든가 숫자를 쓸 수 없고, 온점, 반점, 느낌표도 쓸 수 없었다. 무엇보다도 이 글자를 익히기가 쉽지 않았다. 마찬가지로 긴 문장을 읽어 내기가 무척 힘들었다. 하지만 루이는 이 점 문자가 마음에 들었다.

  방학 동안 꾸브레이 마을에 와서도 점 글자를 만들기 위해 단 1분도 헛되이 쓰지 않고 점과 씨름했다. 루이는 바르비에 대위가 만든 야간 문자를 단순하게 하려고 무진 애를 썼다.

  바르비에 대위가 만든 야간 문자는 글자 '모양'이 아니라 '소리'를 점으로 나타낸 것이었다. 그래서 간단한 단어를 쓰는 데도 100개가 넘는 점을 찍어야 했다. 루이는 고민에 고민을 했다. 그때 머리를 휙 스치고 가는 것이 있었다.

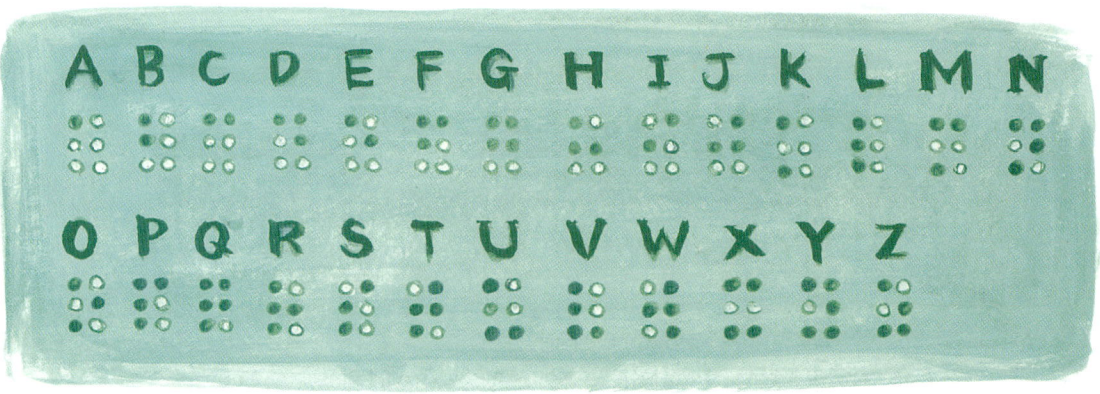

루이 브라이의 점자 알파벳 26자

'그렇다면! 소리를 점으로 나타낼 것이 아니라, 글자 자체를 점으로 표시한다면? 알파벳이 26자니까 저마다 다른 점 26개만 있으면 되잖아!'

루이는 온몸이 부르르 떨렸다. 이렇게 간단한 것을 그동안 생각해 내지 못한 것이 그저 안타까울 뿐이었다. 루이는 연필을 쥐고 두꺼운 종잇장에 점 여섯 개를 표시했다.

이 점 여섯 개를 '셀'이라 한다.

루이는 이렇게 점 여섯 개로 알파벳 스물여섯 자를 만들었다. 루이는 자신이 만든 알파벳을 손끝으로 더듬었다. 너무 간단했고, 정말 쉬웠다! 열다섯 살 소년이 지구촌 맹인들이 쓸 수 있는 문자를 개발한 것이다. 루이는 기뻐서 엉엉 울고 싶었다.

책이 이렇게 나온다면 정말 좋겠어

루이는 자신이 만든 점자를 친구들에게 알려 주었다. 친구들은 놀라워했다.

"손끝으로 한 번에 느낄 수 있을 정도로 적당히 작은데!"

"일기도 쓸 수 있겠어."

"책이 이렇게 나온다면 정말 좋겠어."

모두 다 하나같이 좋아했다. 점자 알파벳에 대한 소문이 순식간에 학교에 퍼졌다. 곧 피네 교장 선생님이 루이를 불렀다. 교장 선생님은 루이가 개발한 점자를 보고 깜짝 놀랐다.

"애야, 몇 살이지?"

"열다섯 살입니다."

"열다섯이라고! 지난 수백 년 동안 연구해 왔던 이 문제를 언젠가는 누군가 해결할 것이라고 생각했지만, 열다섯 살, 그것도 우리 학교 학생이 해내다니, 정말 자랑스럽구나!"

루이는 자신이 개발한 점자 알파벳으로 책을 만들고 싶었다. 하지만 학교는 책을 낼 만한 돈이 없었다. 루이는 점자 알파벳 책을 내는 것을 단념했다. 그 대신 학교 아이들과 선생님들이 점자 알파벳을 쓰는 것에 만족해야 했다.

이로부터 3년이 흐르고 루이는 학교를 졸업한 뒤 열아홉 살 때 그 학교 선생님이 되었다. 루이는 학교 수업이 끝나면 학생들이 읽을 수 있는 점자 책을 만들었다. 이 일은 무척 더디고 고된 작업이었다. 하지만 하루빨리 책을 만들고 싶어 밤낮을 가리지 않고 점을 찍어 나갔다. 그러다 그만 결핵에 걸리고 말았다. 이제 겨우 스물여섯밖에 안 된 젊은이가 죽을병에 걸린 것이다. 결핵은 지금도 무서운 병이지만 그때는 딱히 치료법이 없었다.

1841년 루이를 아껴 주고 믿어 주었던 피네 교장 선생님이 떠나고 뒤포 선생님이 새 교장으로 왔다. 이 사람은 피네 선생님과는 전혀 달랐다. 그는 루이의 점자 알파벳을 보고 "쳇! 멍청한 구멍들이

군!" 하면서 조롱했다. 그는 교사와 학생들이 학교에서 루이의 점자 알파벳을 쓰지 못하게 했다. 또 루이가 힘들게 만든 도서관 점자 책도 불살라 버렸다. 하지만 학생들은 뒤포 교장 선생님 몰래 루이의 점자 알파벳을 썼다.

그 무렵 조셉 고데 선생님이 새로 왔다. 그는 루이의 점자를 두고 교장 선생님과 학생들 간의 싸움을 지켜보았다. 그런데 루이의 점자를 쓰면 쓸수록 기막히게 편리한 문자라는 것을 알게 되었다. 그는 뒤포 교장 선생님을 설득했다.

"교장 선생님이 우리 학교 학생들에게 루이의 점자를 못 쓰게 할 수는 있습니다. 하지만 온 세계 맹인들이 루이의 점자를 쓸 날이 그다지 멀지 않았습니다. 만일 이 점자가 자리를 잡으면, 이것을 널리 퍼뜨리는 데 도움을 준 사람으로 모두들 교장 선생님을 떠올릴 것입니다."

무척 솔깃한 말이었다. 더구나 그는 아이들과의 갈등에서 한 가지 교훈을 얻었다. 자신이 루이의 점자를 금지하더라도 학생들의 의지와 생각을 꺾을 수 없다는 것을 깨달았던 것이다. 그는 고데 선생님 말을 듣고 마음을 완전히 고쳐먹었다.

박두성, 한글 점자 '훈맹정음'을 만들다

변화는 여기서 그치지 않았다.

1844년, 왕립맹아학교가 새 건물을 지어 이사했다. 이날 뒤포 교장 선생님은 여러 사람들이 오는 개교기념일 행사에서 루이의 점자가 얼마나 뛰어난 문자인가를 증명해 보였다. 방법은 간단했다. 뒤포 교장 선생님이 책을 펴서 읽고 어린 맹인 학생이 그것을 점자로 받아써 내려갔다. 그런 다음 그 어린 학생이 종이에 쓴 점자를 그대로 읽는 것이었다. 사람들은 깜짝 놀랐다. 처음에는 안 믿으려 했지만 몇 번을 해도, 또 다른 방법으로 해도 아이들은 토씨 하나 틀리지 않게 받아썼고, 또 그대로 읽었다. 사람들은 루이의 점자 알파벳이 얼마나 엄청난 문자인지 그 자리에서 직접 눈으로 보고 귀로 들은 것이다.

1844년, 루이는 수업을 할 수 없을 만큼 몸이 안 좋아져 교사 생활을 그만둘 수밖에 없었다. 시간이 흐를수록 루이의 점자 알파벳은 널리 알려졌다. 프랑스 곳곳에서 루이의 점자를 배우고 싶어 했다. 사람들은 이 점자를 '브라이'라 했다. 여러 맹인 학교에서 브라이 점자를 가르쳤다. 1847년에는 최초로 브라이 문자 인쇄기로 책까지 찍었다.

1852년 1월 6일, 하루 종일 비가 내리던 날 루이는 세상을 떠났다. 파리에서 나오는 어떤 신문에도 그의 죽음을 알리는 기사는 없었다. 그렇게 외롭게 세상을 떠난 것이다. 하지만 그가 죽고 난 뒤 루이의 점자는 프랑스를 넘어 세계 모든 맹인 학교에서 쓰는 문자가 되었다. 물론 프랑스 말과 글자가 다르기 때문에 점자 모양은 저마다 달랐다.

우리나라도 브라이 점자 원리에 따라 만든 한글 점자가 있다. 바로 '훈맹정음'이다. 이 점자는 1926년 박두성 선생이 만들었다. 박두성

훈맹정음

	아	야	어	여	오	요	우	유	으	이	
ㄱ	가	갸	거	겨	고	교	구	규	그	기	ㄱ
ㄴ	나	냐	너	녀	노	뇨	누	뉴	느	니	ㄴ
ㄷ	다	댜	더	뎌	도	됴	두	듀	드	디	ㄷ
ㄹ	라	랴	러	려	로	료	루	류	르	리	ㄹ
ㅁ	마	먀	머	며	모	묘	무	뮤	므	미	ㅁ
ㅂ	바	뱌	버	벼	보	뵤	부	뷰	브	비	ㅂ
ㅅ	사	샤	서	셔	소	쇼	수	슈	스	시	ㅅ
ㅈ	자	쟈	저	져	조	죠	주	쥬	즈	지	ㅈ
ㅊ	차	챠	처	쳐	초	쵸	추	츄	츠	치	ㅊ
ㅋ	카	캬	커	켜	코	쿄	쿠	큐	크	키	ㅋ
ㅌ	타	탸	터	텨	토	툐	투	튜	트	티	ㅌ
ㅍ	파	퍄	퍼	펴	포	표	푸	퓨	프	피	ㅍ
ㅎ	하	햐	허	혀	호	효	후	휴	흐	히	ㅎ

송암 박두성 선생

은 1913년 제생원 맹아부(지금의 서울맹아학교)에서 교사로 일하면서 눈먼 사람들의 교육을 위해 힘썼다. 당시 조선에는 일본어 점자밖에 없었다. 그는 1923년 조선어점자연구위원회를 꾸리고, 여러 사람들과 연구를 거듭한 끝에 마침내 1926년 한글 점자를 완성했다. 그는 이 점자를 '맹인들의 훈민정음'이란 뜻을 담아 '훈맹정음(訓盲正音)'이라 이름 붙였다.

나 같은 맹인을 위한 글자를 만들고 싶어!

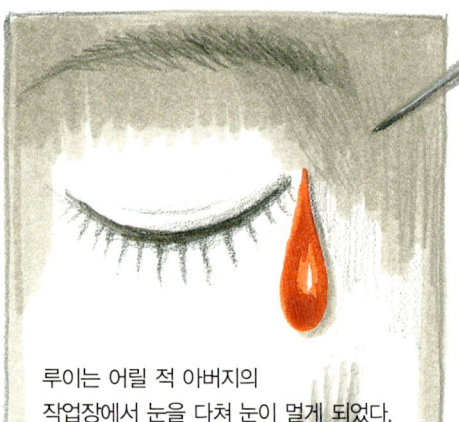

루이는 어릴 적 아버지의 작업장에서 눈을 다쳐 눈이 멀게 되었다.

마음으로 뭐든 볼 수 있어!

루이는 소리나 냄새, 촉감으로 길을 알고 살아가는 법을 배웠다. 세상을 가득 채우고 있는 소리가 가장 중요했다.

루이의 총명함을 알아본 파뤼 신부 덕에 루이는 파리 왕립맹아학교에 입학하게 되었다.

학교에서 '돋을새김 문자'로 공부했지만 읽기가 너무 어려웠다.

이건 너무 헷갈리고 어려워. 우리가 쓸 수 있는 우리 글자가 필요해!

어느 날 루이는 돋을새김 점으로 된 '야간 문자'를 알게 된다.

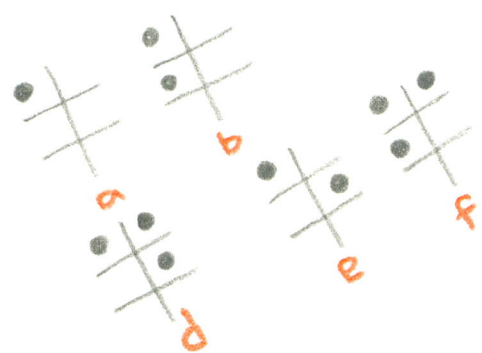

루이는 이 '점'에서 힌트를 얻어 알파벳 26자를 만들었다. 이 놀라운 점자가 바로 지금도 쓰고 있는, 맹인을 위한 글자 '브라이 점자'다.

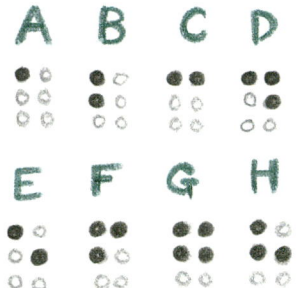

우리나라 박두성 선생이 브라이 점자의 원리를 따라 한글 점자 '훈맹정음'을 만들었다.

지금은 브라이 점자를 스마트폰에서도 쓸 수 있다.

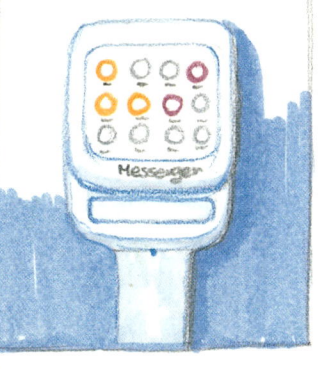

루이의 점자는 프랑스를 넘어 세계 모든 맹인 학교에서 쓰는 문자가 되었다. 2009년 루이 브라이 탄생 200주년을 맞아 미국에서 기념 은화를 발행했다.

거리에서 새소리와 매미 소리를 들을 수 없어

우리는 초등학교에 들어가기 전부터 '자연 보호', '환경 보호' 같은 말을 배운다. 하지만 인류가 이 말을 알게 된 때는 53년밖에 되지 않는다. 지금으로부터 53년 전, 세계 사람들은 '자연을 보호하고 인간은 자연과 함께 살아가야 한다'는 생각을 하지 못했다. 그저 자연은 인간을 위해 있는 것이고, 인간을 위해서는 망가뜨려도 아무 문제가 없는 것이었다. 이런 인류의 생각을 완전히 뒤바꾼 생물학자가 있다. 바로 미국 여성 생물학자 레이첼 카슨(Rachel Carson, 1907~1964년)이다.

레이첼 카슨은 펜실베이니아 주 스프링데일에서 태어났다. 아버지

는 사업을 하면서 앨러게니 강가에 숲 65에이커(약 8만 평)를 사들였다. 레이첼은 어렸을 때부터 이 숲 속에서 일어나는 일에 관심이 많았다. 레이첼은 가까이 동무가 없어 늘 외로웠지만 숲과 시냇가에서 새와 벌레와 꽃을 보며 즐겁게 자란다.

레이첼은 작가가 되고 싶어 1925년 펜실베이니아 여자대학교 영문학과에 입학한다. 그러다 2학년 때 우연히 생물학 강의를 듣고 인생의 진로를 바꾼다. 레이첼은 전공을 영문학에서 생물학으로 바꾸고, 존스홉킨스대학교에서 동물학 석사 학위를 받는다.

레이첼은 자연과 바다에 대해 그 어느 누구보다도 잘 아는 생물학자였다. 대학 강의를 하면서 라디오 방송국에 바다에 대한 글을 쓰기 시작한다. 이 방송은 아주 인기가 많았다. 레이첼은 어업국 직원으로 취직하면서 바다 생태계에 관한 글을 써 책으로 낸다. 이때 쓴 책으로는 《바닷바람을 맞으며》, 《바다와 우리》, 《바닷가에서》가 있다. 모두 다 잘 팔렸고, 레이첼은 단숨에 베스트셀러 작가가 된다.

이 무렵 레이첼은 친구 올가 허킨스로부터 편지 한 통을 받는다.

레이첼에게

레이첼, 네가 쓴 책 잘 읽었어. 네가 생물에 대해 잘 알고 있을 것 같아 이렇게 편지를 쓴다. 이곳 매사추세츠 주 지방 정부는 해마다 여름이 오면 모기를 잡겠다고 비행기로 살충제를 뿌리고 있어. 그런데 아무리 약을 뿌려도 모기는 죽지 않고 오히려 더 악착스럽게 살아남아 물거든. 이뿐만 아니야. 얼마 전에는 모기약을 뿌린 뒤 집에서 키우던 앵무새가 시름시름 앓더니 죽고 마는 거야. 요즘은 거리에서 새소리도, 매미 소리도 들을 수 없어. 나는 매사추세츠 주 지방 정부에 따졌어. 우리는 살충제를 맞지 않을 권리가 있다고. 하지만 모기약은 사람한테 해가 없다고만 할 뿐이야. 앵무새와 다른 여러 새가 죽는 걸 보면 꼭 그렇지 않은 것 같아. 네가 한번 조사해 보았으면 좋겠어.

올가 허킨스가

생물학자 레이첼은 살충제가 해롭다는 것을 오래전부터 의심하고 있었지만 정확히 알고 있지는 않았다. 레이첼은 지금이야말로 이 문제를 말해야 할 때라고 생각한다. 그런데 쉽게 건드릴 수 있는 문제가 아니었다. 스위스 화학자 파울 밀러는 이 화학 약품의 살충 효과를 증명해 1948년 노벨 생리의학상까지 받았다. 사람들은 노벨상까지 받은 살충제이기 때문에 인간에게 해가 되지 않을 거라 믿었다. 이뿐만 아니다. 정부는 살충제가 사람에게 아무런 해가 없다고 홍보했다. 이런 정부 옆에는 살충제를 팔아 엄청난 이득을 보고 있는 농약 회사가 버티고 있었고, 살충제를 뿌리지 않고는 농사를 지을 수 없다는 농민도 있었다. 1955년, 세계보건기구(WHO)는 말라리아와 발진 티푸스를 옮기는 모기와 파리를 잡겠다고 세계 여러 나라에 살충제를 뿌리고 있었다. 한국전쟁 이후 우리나라 서울도 마찬가지였다. 이와 벼룩을 잡겠다고 사람 몸과 옷에 살충제를 뿌렸다. 여름에는 차와 비행기로 소독약과 살충제를 뿌렸다. 그때 우리나라 서울에는 모기가 하나도 없어 모기장 없이 잠을 잤다고 한다. 하지만 사람들은 모기뿐만 아니라 매미도 새도 모두 죽어 가고 있다는 것을 몰랐다.

뭔가 잘못되었다는 것을 알게 되다

레이첼은 1957년부터 치밀하게 자료 조사를 한다. 연구는 1962년까지 이어졌다. 마침내 레이첼은 1962년 《침묵의 봄》을 출간한다. 제목 '침묵의 봄'은 봄이 왔는데도 조용한 봄을 뜻한다. 숲 속을 거닐어도 즐겁게 우는 새소리, 벌레 소리 하나 들리지 않았다. 모든 생물이 죽었기 때문이다.

이 책이 나오자 정부와 농약 회사는 레이첼의 주장을 미친 노처녀의 히스테리라고 비판한다. 어떤 책 평론가는 레이첼의 주장이 "살충제보다 더 독하다"고 조롱한다. 논란이 일자 신문과 텔레비전에서 열띤 토론이 이어졌다. 하지만 토론을 하면 할수록 레이첼의 주장이 맞다는 것이 증명되었다.

미국에서 살충제 사용량은 1947년부터 1960년 사이 다섯 배 증가

DDT 해충박멸

한다. 살충제를 뿌린 과일을 먹으면 그 살충제는 몸 밖으로 나가지 않고 몸속에 쌓인다. 특히 인간 몸속 지방이 살충제를 100배나 크게 부풀린다. 살충제를 1그램 먹으면 지방이 100그램으로 만드는 것이다. 또 이것은 태아에게도 그대로 이어진다.

1949년, 캘리포니아 주 정부는 클리어 호수에 꾸정모기를 잡겠다고 독성이 약한 살충제를 뿌린다. 꾸정모기와 모기의 애벌레 장구벌레가 모두 죽었다. 그런데 며칠 뒤 논병아리 100여 마리가 죽는다. 1957년, 마찬가지로 꾸정모기를 잡으려고 살충제를 뿌린다. 이번에는 더 많은 논병아리가 죽었다. 학자들은 논병아리가 전염병으로 죽지 않았다는 것을 알았다. 논병아리 지방 조직을 살펴봤더니 살충제 성

분이 1600피피엠(ppm, 농도의 단위)이나 쌓여 있었다. 호수에 뿌린 살충제는 0.02피피엠이었는데, 논병아리 지방에 쌓인 살충제는 8만 배나 증가한 것이다. 아무리 약한 살충제라 하더라도 동물의 몸에 들어가면 수만 배나 증가한다는 것이 밝혀졌다. 더구나 이 살충제 성분은 수십 년이 흘러도 호수와 호수에 사는 생물 몸속에 남는다. 땅도 마찬가지다. 흰개미를 죽이려고 뿌린 살충제 성분이 10년이 지나도 흙에 그대로 남아 있었다고 한다.

곤충이나 벌레는 살충제로 잡을 수 없다

1959년 11월부터 1960년 4월 사이 영국에서는 여우 1300마리가 죽었다. 살충제를 맞고 죽은 새를 여우가 먹고 죽은 것이다. 토끼의 천적 여우가 죽자 야생 토끼가 엄청나게 불어나 밭곡식을 망가뜨렸다.

논밭 곡식 잎에 시커멓게 달라붙어 엽록소를 빨아 먹는 '응애(mite)'라는 것이 있다. 거미나 진딧물같이 생겼는데 아주 작다. 이 응애가 옥수수, 콩, 토마토, 후추, 배나무, 사과나무 잎에 보이면 한 해 농사를 망치는, 아주 해로운 해충이다. 응애는 파리똥만큼이나 작지만 입이 아주 발달해 있다. 번식력도 엄청나다. 응애는 작고 뾰족한 입을 나뭇잎에 틀어박고 엽록소를 빨아 먹는다. 응애 무리가 지나간 잎과 줄기는 반점이 생기고 엽록소가 없어져 누렇게 변했다가 이내 떨어지고 만다. 농사를 아주 망치게 되는 것이다. 세계 농약 회사들은 응애를 죽이는 살충제를 앞다투어 만들어 팔았다. 농사꾼들은 응애가 생기기도 전에 미리미리 뿌렸다. 그랬더니 응애를 잡아먹는 무당벌레 같은 곤충과 새가 모두 죽어 나갔다. 천적이 죽자 응애가 걷잡을 수 없이 세상을 덮었다. 세계 농사꾼들을 가장 힘들게 하는, 아주 강력한 해충이 되고 만 것이다.

난 슈퍼 응애야!

곤충이나 벌레는 애당초 살충제로 잡을 수 없는 생물이다. 더구나 이 생물은 '내성'이 강하다. 내성이란 한마디로 새로운 환경에 적응하는 힘이다. 우리가 겨울이 오기 전에 독감 예방 주사를 맞는 것과 같다. 독감 예방 주사는 독감 바이러스를 몸속에 미리 조금 집어넣어 우리 몸 스스로 독감을 이겨 낼 수 있도록 힘을 길러 주는 주사다. 그런데 곤충이나 진드기는 이 내성이 인간보다 훨씬 강하다.

남아프리카 공화국 목장 주인들은 푸른진드기 때문에 엄청난 피해를 입었다. 어느 한 농장에서는 소 600마리가 죽어 나갔다. 목장 주인은 살충제를 뿌린다. 처음에는 푸른진드기가 모두 죽었다. 그런데 다음 해에는 이 약이 듣지 않았다. 그래서 더 독한 화약 약품이 섞인 살충제를 뿌린다. 마찬가지로 그해만 잘 들었지 다음 해에는 아무리 약을 뿌려도 듣지 않았다. 진드기는 해마다 더 강력한 내성을 기른 것이다.

《침묵의 봄》, 세계 역사를 바꾸다

사람들은 진드기의 내성을 보면서 이런 생각을 하기도 한다.

'곤충이나 진드기가 살충제에도 끄떡없는 내성이 있다면 인간 역시 그런 내성이 있지 않을까?'

물론 이 말은 맞다. 그런데 곤충이나 진드기는 며칠 또는 몇 주 만에 내성이 강한 새로운 세대가 태어나지만 인간은 수백, 수천 년이 지나야 비로소 그런 내성을 갖춘 인간이 태어난다. 이렇기 때문에 인간의 살충제 내성은 거의 없다고 보는 것이 맞다.

그때 농사꾼들도 곤충이나 진드기가 내성이 강하다는 것을 어렴풋이 알고 있었다. 물론 농약 회사도 처음부터 잘 알고 있었다. 그래서 해마다 더 독한 살충제를 만든 것이다. 하지만 해충은 살충제를 맞으면 더 강해져서 그 이듬해는 오히려 그 수가 더 많아진다. 농약 회사는 이것을 잘 알고 있으면서도 애써 모른 척했다. 그래야 돈을 벌

수 있기 때문이다. 농사꾼들도 알고는 있었지만 심각하게 생각하지 않았다. 또 하나 놓친 것이 있다. 벌레는 인간이 살충제로 잡을 수 없다는, 아주 당연한 사실을 알지 못했다. 그때는 천적으로 해충을 잡을 수 있다는 생각을 하지 못했다. 지금은 오리 농법이나 우렁이 농법으로 쌀농사를 짓고 있다. 살충제와 제초제를 치지 않아도 오리와 우렁이가 해충과 풀싹을 먹어 치우는 것이다. 딱따구리는 사과 과수원에서 좀나방을 잡아먹고, 박새는 과수나무에서 자벌레를 먹어 치운다.

1962년, 레이첼의 《침묵의 봄》은 엄청나게 팔려 나갔다. 미국 사람들은 살충제가 얼마나 무서운 독인지 알게 되었다. 이때부터 '자연', '환경' 같은 말을 새롭게 알게 되었고, 그 말 옆에 '보호'란 말을 붙인다. 그래서 '자연 보호', '환경 보호', '자연과 더불어 사는 삶'이 어떤 것인지 알게 된다.

미국 모든 주에서 살충제 반대 시민운동이 일어났다. 1963년 미국 존 F. 케네디 대통령은 환경 문제만 전문으로 다루는 환경자문위원회를 꾸렸고, 1969년 미국 의회는 '국가 환경 정책 법안'을 마련한다. 1972년에는 살충제 사용 금지법을 정한다. 《침묵의 봄》을 출간했을 때 레이첼을 강하게 비판했던 《타임》지는 '20세기를 바꾼 100인' 가운데 한 사람으로 레이첼 카슨을 꼽는다. 레이첼의 《침묵의 봄》은 세계 인재 100인이 뽑은 '20세기를 움직인 책 10권' 가운데 네 번째로 선정되었다.

우리나라 또한 1968년부터 살충제 사용을 금지했고, 1978년부터는 생산도 판매도 아주 못하게 법으로 정했다. 세상에 나온 책 가운데 세계 역사를 바꾼 책은 그리 많지 않다. 그중에 레이첼 카슨의 《침묵의 봄》은 세상을 바꾼 책 가운데 한 권이고, 인간의 생각이 얼마나 잘못되었는지 깨닫게 해 준 책이었다.

해충을 죽일 수 있다면 사람도 죽일 수 있다!

살충제(DDT)만 있으면 올여름 모기 걱정 뚝! 아주 안전하고 사람 몸에 해가 없는 우리의 살충제, DDT.

1940~1950년대 세계는 살충제에 열광했다. 살충제가 모기, 파리 같은 해충을 모두 없앨 수 있다고 믿었다.

해충 없이 짓는 농사 고마워요.

자자, 이와 벼룩엔 살충제만 한 게 없다고!

모기가 한 마리도 없는 상쾌한 여름.

해충이 사라지자 정말 쾌적한 세상이 오나 했다. 그런데 시간이 흐를수록 해충과 함께 이로운 동물도, 새도 사라져 갔다. 그리고 해충은 곧 다시 나타나기 시작했다.

정부와 농약 회사는 레이첼 카슨을 거짓말쟁이라고 몰아세웠다.

미국 시민들은 레이첼 카슨의 《침묵의 봄》을 읽고 살충제가 인간에게 얼마나 무서운 독인지 알게 되었다. 미국뿐만 아니라 세계 모든 나라에서 살충제 살포를 금지했다.

북극성이 앞에 보이면 제대로 가고 있는 거란다

1820년 해리엇 터브먼(Harriet Tubman, 1820~1913년)은 메릴랜드 주 도체스터 카운티의 한 농장에서 태어난다. 해리엇의 할아버지와 할머니도 노예였고, 아버지와 어머니도 노예였다. 당연히 해리엇도 노예였다. 돼지우리에서 새끼 돼지가 태어나면 돼지를 키운 사람이 주인이듯 노예 해리엇은 농장 주인 브로디스의 것이었다.

농장의 다른 노예들이 그렇듯 해리엇의 부모도 농장 안 통나무집에서 살았다. 통나무집은 아주 작고 창문도 없었다. 바닥도 그냥 흙바닥이고 잠도 낡은 담요 몇 장을 깔고 잤다. 해리엇은 이곳에서 어린 시절을 보낸다.

1826년, 해리엇이 여섯 살쯤 되

었을 때다. 주인 브로디스가 다른 백인에게 돈을 받고 해리엇을 다섯 달 동안 빌려준다. 당시 가난한 백인들은 돈을 주고 노예를 빌려 갔다. 언니 둘도 이렇게 다른 곳으로 끌려갔다. 어린 해리엇은 백인 여자 쿡 부인 곁에서 베 짜는 일을 했다. 방 안에 솜털과 실 보푸라기가 날렸다. 해리엇은 기침을 하다 자꾸 실꾸리를 떨어뜨렸다. 그럴 때마다 쿡 부인은 채찍으로 해리엇의 등짝을 때렸다.

그러던 어느 날, 해리엇은 식탁에 놓인 유리그릇에서 하얗게 빛나는 각설탕을 본다. 척 봐도 먹음직스러웠다. 자기도 모르게 각설탕에 손이 갔다. 그런데 하필 쿡 부인이 그걸 보고 만다. 해리엇은 또 채찍을 맞았다. 쿡 부인은 해리엇을 도로 브로디스한테 쫓아 보낸다.

어느덧 해리엇은 스물한 살 어른이 되었다. 아버지는 마치 어린아이를 가르치듯 해리엇에게 많은 것을 알려 준다. 소리를 내지 않고 숲속을 걷는 법이나 북두칠성 가까이에 있는 북극성 찾는 법을 가르쳐 준다. 북극성은 남부의 노예들이 노예 제도가 금지된 북쪽 땅으로 자유를 찾아갈 때 길잡이가 되는 별이다.

"해리엇, 밤에 북극성이 앞에 보이면 제대로 가고 있는 거란다."

이 말을 듣고 해리엇이 물었다.

"아버지, 밤에 구름이 많아 북극성이 안 보이면 어쩌죠?"

아버지는 나무 밑동을 만져 이끼를 찾아보라고 했다. 이끼는 햇볕이 잘 들지 않는 나무 북쪽 방향에만 자라기 때문에 북극성이 안 보여도 이끼가 나 있는 방향으로 가면 그쪽이 바로 북쪽이라고 알려 준다. 해리엇은 아버지가 하는 말을 귀담아듣고 잘 기억해 두었다. 언젠가 때가 되면 아버지가 가르쳐 준 말이 큰 도움이 될 것 같았다.

해리엇의 두 눈에 기쁨의 눈물이 흘렀다

해리엇은 1844년 존 터브먼과 사랑에 빠져 결혼한다. 이때 해리엇의 나이 스물넷이었다. 존의 부모는 노예였지만 주인이 죽으면서 자유롭게 풀어 주었기 때문에 그는 태어날 때부터 자유의 몸이었다.

존은 해리엇과 사는 것이 행복했다. 해리엇을 사랑했고, 해리엇이 돈을 벌어 오는 것도 좋았다. 비록 하루 일당 가운데 70퍼센트 이상을 브로디스에게 주지만 나머지 돈은 둘이 쓸 수 있었다. 결혼 생활은 행복했지만 해리엇 마음은 언제나 복잡했다. 해리엇의 주인 브로디스가 해리엇을 팔면 존과 헤어져야 하기 때문이다. 해리엇은 하루빨리 노예 제도가 없는 북부로 가고 싶었다. 해리엇은 존에게 같이 남부를 탈출하자고 한다. 하지만 존은 집을 떠나고 싶지 않았다. 오히려 존은 해리엇이 탈출하려고 하면 주인에게 이르겠다고 한다.

이 무렵 해리엇은 한 백인 여자를 알고 지낸다. 이 여자는 퀘이커교도였다. 퀘이커교는 1847년 영국에서 조지 폭스(George Fox, 1624~1691년)가 시작한 기독교다. 퀘이커교(Quakers)에서 '퀘이크(quake)'는 '무엇에 크게 감동해 몸을 바르르 떠는 것'을 뜻한다. 퀘

퀘이커교는 명상을 통해 마음속에서 하느님을 만날 때 깊이 감동해 온몸이 부들부들 떨리는 것을 아주 중요하게 여긴다. 이들은 소박하게 살았다. 예배를 볼 때도 목사나 성직자 없이 신도 가운데 한 사람이 설교를 한다. 이들은 모든 사람이 평등해야 한다는 믿음이 강했기 때문에 노예 제도를 폐지하자고 주장한다. 이뿐만 아니라 미국 역사에서 여성들의 권리 신장, 사형 제도 폐지, 정신 장애인 보호를 주장한다. 비록 신자는 아주 적었지만 언제나 가난하고 힘없는 사람들 편에 섰다. 특히 그들은 남부에서 북부로 노예들이 탈출할 때 하룻밤 묵을 집과 음식을 대접했다. 노예 사냥꾼에 걸리면 자신들도 피해를 보는데도 기꺼이 이 일을 마다하지 않았다. 이들이 없었다면 남부 노예의 탈출은 불가능했을 것이다.

1849년, 농장 주인 브로디스가 해리엇을 노예 시장에 내놓을 거라는 소문이 돌았다. 해리엇은 드디어 때가 왔다고 생각한다. 해리엇은 존이 잠들자 조용히 잠자리에서 일어난다. 짐은 최대한 간단하게 꾸렸다. 소금에 절인 돼지고기와 옥수수빵을 보자기에 쌌다. 자신이 짠 예쁜 조각보도 잊지 않았다. 그 이상은 가지고 갈 수 없었다.

해리엇은 어두운 숲속을 걷고 또 걸었다. 아버지가 가르쳐 준 대로 소리를 내지 않고 조용히 움직였다. 또 시냇물 위로 걸으면 사냥개가 냄새를 맡지 못한다는 것도 알고 있었다. 해리엇은 전에 만났던 퀘이커교도 여자 집에 도착했다. 퀘이커교 백인 여자는 여기서 80

킬로미터를 더 가서 만나야 할 다른 퀘이커교 집을 알려 줬다. 일단 거기까지 가면 다시 또 새로운 중간 도착지를 일러 준다고 했다. 해리엇은 고마운 마음을 전하고 싶어 결혼할 때 짠 조각보를 선물하며 작별 인사를 한다.

　해리엇은 메릴랜드 춉탱크 강을 따라 북쪽으로 움직였다. 해가 뜨면 숲에 숨어 눈을 붙이고, 밤에만 움직였다. 아버지가 가르쳐 준 대로 밤하늘 북극성이 떠 있는 쪽을 향해 걸었다. 하늘에 구름이 끼어 북극성이 안 보이면 나무 밑동 이끼가 자란 쪽으로 방향을 잡고 나아갔다. 65킬로미터를 걷자 강이 끝났다. 거기에서 북쪽으로 15킬로미터쯤 걷자 백인 여자가 가르쳐 준 퀘이커교도 집이 나왔다. 그 집은 초록색 대문에 하얀 집이었다. 퀘이커교도 백인 여자 엘리자는 해리엇이 편하게 머물 수 있게 해 줬다. 해리엇은 이곳에서 사흘 동안 머물면서 기운을 차렸다. 엘리자는 새 옷과 음식을 챙겨 주었다.

노예 제도가 없는 펜실베이니아까지 가는 길에 엘리자 같은 퀘이커 교도 집이 중간중간에 있었다. 메릴랜드에서 펜실베이니아까지 가는 길이 '지하 철도'라면 퀘이커교도 집은 '정거장'이었다. 이곳에서 잠깐잠깐 기차가 쉬어 가는 것이다. 모든 것이 힘들었다. 무엇보다도 노예 사냥꾼이 가장 무서웠다. 그들은 도망친 노예를 잡아다 주인에게 돌려주고 그 대가로 돈을 받았다. 어디에나 노예 사냥꾼은 있었고 중요한 길목마다 지키고 있었다. 탈출한 노예들은 이들의 눈을 피하기 위해 밤에만 걸었다. 해리엇은 수십 일 밤길을 걸어 마침내 자유의 땅 펜실베이니아까지 왔다. 자유의 땅에서 하늘을 올려다보았다. 저 멀리서 해가 떠오르고 있었다. 자유의 땅에서 맞는 해맞이였다. 햇볕이 해리엇의 온몸을 따뜻하게 감쌌다. 스물아홉 살 해리엇의 두 눈에 기쁨의 눈물이 흘렀다.

신출귀몰 해리엇, 4만 달러 현상금이 걸리다

자유의 몸이 되었지만 펜실베이니아에서 해리엇을 반겨 주는 사람은 하나도 없었다. 모든 것이 낯설기만 했다.

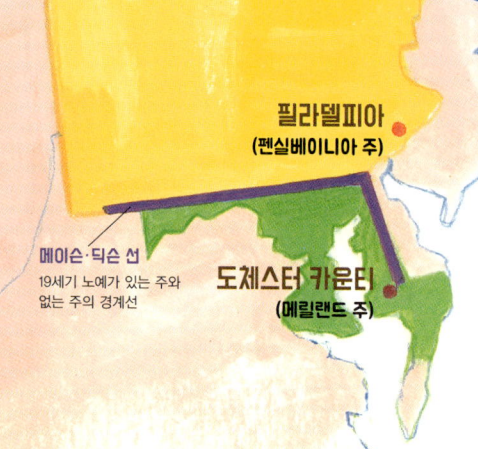

해리엇은 호텔에서 요리와 청소 일자리를 얻었다. 일은 힘들었지만 노예로 사는 것에 견주면 천국이 따로 없었다. 일을 해서 번 돈은 모두 자기가 쓸 수 있었다. 또 일이 싫으면 그만둔다고 하면 그만이었다. 이제는 그 어느 누구도 해리엇을 강제로 붙잡아 둘 수는 없었다. 그랬다가는 감옥에 가야 한다.

어느 날 해리엇은 자기처럼 메릴랜드 주 도체스터 카운티에서 탈출한 한 흑인을 만난다. 그는 해리엇의 자매 매리와 그 식구들이 머지않아 팔리게 된다는 소식을 들려준다. 해리엇은 매리네 식구들을 북부로 데려와야겠다고 마음먹는다. 해리엇은 기막힌 계획을 짜서 퀘이커교도 친구들에게 부탁한다. 퀘이커교도 친구들은 이 계획 쪽지를 메릴랜드의 매리 남편 존 보울리에게 전달한다. 존은 노예가 아니었지만 아내와 자식들은 노예였다.

존이 해리엇의 쪽지를 받았을 때 아내 매리와 아이들은 벌써 노예 경매장에 끌려가 있었다. 하지만 아직 팔리기 전이었다. 존이 경매장에 도착했을 때는 마침 점심시간이었다. 존은 가짜 편지가 담긴 봉투를 노예 시장 경비에게 보여 준다. 편지에는 매리와 아이들을 존에게 팔았으니 그에게 보내라고 써 있었다. 경비는 이 편지를 믿고 매리와 아이들을 존에게 넘긴다. 존과 매리와 아이들은 재빨리 노예 경매장 밖으로 나왔다. 그들은 아무 일도 없는 듯 아주 태연하게 걸었다. 그들이 도착한 곳은 가짜 편지를 써 준 퀘이커교 백인 남자 집이었다. 그곳에 해리엇이 기다리고 있었다. 해리엇과 매리는 얼싸안고 울었다. 곧 날이 어두워지자 해리엇은 매리 식구들을 데리고 북부로 발길을 옮긴다. 처음 탈출할 때에는 혼자였지만 이제는 해리엇까지 다섯이었다. 이번에도 역시 여러 퀘이커교 백인들의 도움을 받았다. 며칠 뒤 이들은 무사히 펜실베이니아에 도착한다.

1850년 '도망 노예 송환법'이 미국 연방 의회에서 통과한다. 이 법은 노예 제도가 없는 북부의 주라 할지라도 흑인 노예들을 잡아 다시 원래 주인에게 돌려보낼 수 있는 법이었다. 또 탈출한 노예를 알고도 신고하지 않거나 숨겨 주는 사람도 벌금을 내거나 감옥에 가야 했다. 노예 제도가 없는 북부로 탈출해 봤자 아무 소용이 없게 된 것이다. 이렇게 되자 노예 사냥꾼들은 남부뿐만 아니라 북부 펜실베이니아까지 와서 탈출한 노예를 잡아갔다. 남부의 노예들은 이제 북부로 가지 않았다. 북부를 넘어 저 멀리 캐나다까지 가야 했다. 그 이듬해 1851년 해리엇은 다시 메릴랜드로 가서 오빠와 다른 노예 둘을 자유의 땅 캐나다로 데리고 온다.

해리엇은 캐나다 세인트캐서린스에 집을 한 채 빌려 남부에서 데려온 노예들과 같이 살았다. 여름과 겨울에는 호텔에서 일을 해 돈을 모으고, 그 돈으로 봄과 가을에는 미국 남부로 가서 노예들을 캐나다로 데려왔다.

해리엇은 노예 탈출 경험이 가장 풍부한 안내자가 되었다. 어디쯤에 늪과 강이 있고, 어디쯤에 먹을거리 감자밭이 있는지 알았다. 또 중간중간 탈출 노예들이 머물 수 있는 퀘이커교도 집과 예배당을 모두 꿰고 있었다. 사람들은 신출귀몰 해리엇에 대한 이야기를 지어내기 시작한다. 해리엇은 어둠 속에서도 볼 수 있고, 바람결에서도 냄새를 맡아 위험을 알 수 있으며, 성인 남자를 업고도 수십 킬로미터를 갈 수 있다고 했다. 물론 사실이 아니었지만 사람들의 입에서 입으로 소문이 퍼졌다. 노예 주인들은 해리엇에 현상금을 걸었다. 해리엇을 잡으면 4만 달러를 주겠다고 했다. 하지만 해리엇은 그 뒤로도 탈출 안내자 노릇을 그만두지 않는다. 1857년에는 부모님을 데리고 탈출한다. 해리엇은 식구들을 캐나다로 데리고 온 뒤로도 수십 번 더 남부로 가 흑인 노예들을 자유의 땅으로 데리고 온다. 이렇게 8년 동안 열아홉 차

도망간 노예 꼭 잡아야지!

례나 남부를 오가며 데리고 온 노예가 300명이 넘었다.

위대한 꿈은 꿈꾸는 사람으로부터 시작된다

1861년 남부 연합과 북부 연합의 남북 전쟁이 터졌다.

농장이 많은 남부는 노예가 필요했다. 남부의 농장에서는 주로 목화와 담배 농사를 지었다. 그런데 이 농사는 사람 손이 많이 간다. 목화에서 솜꽃을 따고, 이것을 또 물로 깨끗이 씻어야 한다. 이 모든 것은 기계로 할 수 없고 오로지 사람 손으로 해야 했다. 그러니 남부의 백인들은 노예가 아니고서는 농사를 지을 수 없었다. 담배 농사도 사람 손이 많이 가기는 마찬가지였다.

북부에는 공장이 많았다. 백인 공장 사장들은 임금이 싼 흑인 노동자들이 필요했다. 그런데 남부의 농장에서 노예 제도를 두면서 흑인들을 붙들어 두고 있었던 것이다. 노예 제도가 없어지면 그 흑인 노예들이 북부로 와 공장 노동자가 될 것이 분명했다. 그래서 북부는 노예 제도를 폐지하려 했고, 남부는 노예 제도를 지키려 했다.

해리엇은 전쟁을 피하지 않았다. 당연히 북부군에 들어갔다. 해리엇은 새로운 임무를 맡는다. 제임스 몽고메리 대령이 스파이 부대를 이끌어 달라고 부탁한 것이다. 스파이 부대는 열 명이었는데, 모두 다 백인이고 해리엇만 흑인이었다. 더구나 해리엇은 스파이 부대의 대장이었다. 처음에 백인 군인들은 흑인 여자에게 보고하는 것을 꺼려 했다. 하지만 금세 해리엇을 존경할 수밖에 없었다. 그들은 해리엇을 '터브먼 장군'이라 했다. 해리엇은 남부군 부대 가까이 가서 주인과 함께 참가한 흑인 병사들을 몰래 만났다. 흑인 병사들은 해리엇에게 중요한 정보를 알려 주었다. 이렇게 해서 북부군은 크고 작은 전투에서 남부군을 물리쳤다.

1865년 4월, 드디어 북부군의 승리로 남북 전쟁이 끝났다. 그리고

공장에서 일할 값싼 흑인 노동력이 필요해! 노예를 해방해서 노동자로 써야 한다고!

북부군

그해 노예 제도가 미국 모든 곳에서 폐지됐다. 이때 해리엇은 이렇게 말한다.

"위대한 꿈은 꿈꾸는 사람으로부터 시작된다."

해리엇은 남북 전쟁이 끝난 뒤 부모가 살고 있는 뉴욕 주 오번 시로 간다. 그곳에서 나이 든 부모를 돌보고, 또 흑인들의 인권을 위해 남은 생을 한시도 쉬지 않고 살아간다. 그리고 1908년 평생 모은 돈으로 '해리엇 터브먼의 집'을 짓는다. 이 집은 오갈 데 없는 흑인들이 머물면서 새로운 삶을 준비하는 곳이다.

1913년, 해리엇은 폐렴에 걸려 세상을 떠난다. 뉴욕 시 오번 시 법원은 정문에 해리엇을 기리는 동판을 단다. 이 동판에는 이렇게 쓰여 있다.

목화와 담배 농사를 지으려면 노예 노동력이 필요해. 노예 해방 절대 못해!

해리엇은 남다른 용기로 흑인 노예 300명을 자유의 땅으로 인도했다.

남부군

자유를 찾아 북쪽으로!

해리엇 터브먼은 한 농장의 노예로 태어났다. 당시 노예는 사람이 아니라 가축과 같았다. 언제 어디로 팔릴지 늘 불안에 떨며 살아야 했다. 해리엇은 노예 제도가 없는 북쪽으로 가기로 마음먹는다.

남부에서 북부까지 수백 킬로미터가 넘는 길에서 퀘이커교도의 집은 중간중간 쉬어 갈 수 있는 정거장이었다.

노예 사냥꾼을 피해 밤에만 움직였다.

북극성이 보이지 않으면 나무 밑동 이끼를 나침반 삼았다.

때로는 물길을 헤치며 북으로, 북으로 나아갔다.

그 뒤로도 열아홉 차례나 캐나다, 미국 북부와 남부를 오가며 식구들과 흑인 노예를 300명 넘게 자유의 땅 북부와 캐나다로 데리고 왔다. 남북 전쟁 때에는 북부군에서 스파이 부대 대장을 하며 남부군의 중요 정보를 알아내 북부군의 승리를 이끌었다. 해리엇은 세상을 떠날 때까지 흑인들의 인권을 위해 자신의 모든 것을 송두리째 바쳤다.

까만 원피스만 평생 입고 산다 하더라도

수잔 B. 앤터니(Susan B. Anthony, 1820~1906년)는 1820년 2월 15일 미국 매사추세츠 주 애덤스에서 여섯 형제 가운데 둘째 딸로 태어난다. 어머니 루시 리드와 아버지 다니엘 앤터니는 아주 힘들게 결혼했다. 어머니는 예쁜 옷을 입고 댄스파티에 가는 걸 좋아했다. 또 노래를 즐겨 부르는 침례교인이었다. 그런데 아버지는 기독교 가운데서도 가장 검소하게 살아가는 퀘이커교도였다.

퀘이커교도는 예쁜 옷과 춤과 노래가 사람의 정신을 망치는 것으로 믿기 때문에 색깔 있는 옷을 입지 않았다. 또 아무리 부자여도 하인을 두지 않고 아내와 자식들이 집안일을 맡아서 했다. 그들은, 사람은 모두 평등하기 때문에 하인이나 노예를 두는 것을 반대했다. 퀘이커교도는 미국 기독교 사회에서 교인 수는 아주 적었지만 노예제 폐지에 앞장섰고, 흑인과 여성의 권리를 위해 싸웠다. 이렇게 늘 사회 문제에 대해 주장을 하고 싸워 왔기 때문에 삶이 순탄치 않았다. 퀘이커교인들은 결혼을 하더라도 퀘이커교인끼리 했다. 퀘이커교 교회 지

도자들은 루시와 다니엘의 결혼을 반대했다. 그러나 둘은 퀘이커교 지도자들의 반대를 무릅쓰고 결혼을 한다. 루시는 많은 것을 포기할 수밖에 없었다. 평생 검은 드레스 하나만 입어야 했다. 하지만 퀘이커교도는 여자를 남자와 동등하게 대했다. 이것만으로도 루시는 다니엘과 결혼한 것을 후회하지 않았다.

루시는 수잔과 언니 겔마에게 이런 말을 자꾸 했다.

"너희들은 퀘이커교인인 걸 다행으로 생각해야 해. 레이스 장식 하나 없는 까만 원피스만 평생 입고 살아야 하지만 퀘이커교는 남자나 여자나 모두 똑같은 사람이고 평등하다고 생각하거든. 그게 너희 여자애들에게 얼마나 좋은 것인지 나중에 어른이 되면 알게 될 거야."

수잔은 어렸을 때라 어머니가 왜 이런 말을 하는지 알 수 없었다. 더구나 아버지와 어머니는 평등했고 늘 다정했기 때문에 다른 집도 다 그럴 거라고만 짐작했다.

여자들은 《성경》을 읽을 줄 알면 돼

1826년, 수잔네는 뉴욕 주 바텐빌로 이사를 간다. 아버지 친구 맥린이 아버지와 함께 그곳에 큰 방직 공장을 세우기로 한 것이다. 수잔은 이사 온 지 몇 달이 지나서야 초등학교에 입학할 수 있었다. 그때 수잔은 여섯 살이었는데, 학교는 어린 여섯 살 아이부터 열 몇 살 아이까지 모두 한 교실에서 공부했다. 또 남자아이들 자리와 여자아이들 자리도 정해져 있었다. 남자는 앞이었고, 여자는 뒤쪽에 앉았다. 공부하는 내용도 달랐다. 여자아이들에게는 글자를 읽고 쓰는 것만 가르쳤다. 반면에 남자아이들은 나눗셈을 비롯하여 여러 가지를 배웠다. 수잔은 선생님에게 나눗셈을 배우고 싶다고 했다.

그때 선생님은 이렇게 대답했다.

"여자들은 《성경》을 읽을 줄 알고 달걀이 몇 개인지 셀 수 있으면 돼. 그걸로 충분해!"

수잔네 선생님만 이런 것이 아니었다. 당시 남자들과 학교 선생님들은 여자들에게 읽고, 쓰고, 수를 세는 것만 가르쳐도 된다고 보았다.

아버지는 새로 집을 지었다. 방이 열다섯 개나 되는 3층 집이었는데, 거기에 따로 교실 한 칸을 마

련했다. 아버지는 여자도 똑같은 교육을 받아야 한다고 생각했다. 아버지는 수잔과 겔마를 학교에 보내지 않고 집에서 가르쳤다. 이 학교는 수잔네 식구들뿐만 아니라 이웃 아이들도 다닐 수 있었다. 또 방직 공장에 다니는 노동자들도 일이 끝나고 밤에 공부를 할 수 있게 했다.

아버지는 멀리서 선생님을 모셔 왔다. 선생님 이름은 메리 퍼킨스였다. 수잔은 공부가 재미있었다. 태어나서 처음으로 체조와 노래도 배웠다. 수잔은 메리 선생님에게 푹 빠졌다. 이전 학교 선생님은 모두 남자였고 무섭기만 했는데, 메리 선생님은 학생들에게 아주 친절했다. 수잔은 지금껏 메리 선생님만큼 당당하고 똑똑한 여자를 본 적이 없다. 자신도 어른이 되면 메리 선생님처럼 똑 부러진 여자가 되고 싶었다.

마침내 수잔은 열여섯 살에 초등학교 선생님이 된다. 당시 여자들은 판사나 변호사 같은 전문직을 할 수 없었지만 초등학교 선생님까지는 할 수 있었다.

나도 공부하고 싶다고!

"여자나 남자나 자기 생활은 자기 스스로 꾸릴 수 있어야 해. 지금 당장 너한테 돈이 필요하지는 않지만, 네 스스로 돈을 벌어 보는 것도 아주 중요한 경험이 될 거야."

아버지가 수잔을 학교 근처 하숙집에 데려

다주며 말했다. 수잔은 아버지 말이 옳다고 생각했다. 수잔은 주말마다 집에 다니러 왔다. 그때마다 마을 사람들은 뒤에서 수군거렸다.

"별 걱정 없는 부잣집에서 딸에게 돈을 벌어 오게 하다니……. 앤터니 씨는 도대체 무슨 생각을 하고 사는지 모르겠어."

하지만 수잔은 그런 말을 들을 때마다 아버지가 저런 사람들과 같지 않아서 얼마나 다행인지 모른다고 생각했다.

수잔은 아이들을 가르치다 보니 모르는 게 너무 많았다. 기회가 된다면 공부를 더 하고 싶었다. 마침 아버지가 오는 겨울에 언니 겔마가 다니고 있는 데보라 몰슨 여학교에 보내 주겠다고 했다.

수잔은 생각만 해도 가슴이 벅찼다. 당시 여자는 대학에 갈 수 없었다. 데보라 몰슨 여학교는 여자가 갈 수 있는 최고의 교육 기관이었다. 1837년 11월, 수잔과 아버지는 펜실베이니아 주에 있는 데보라 몰슨 여학교로 떠난다. 너무 기대를 많이 해서 그런지 여학교가 썩 마음에 들지는 않았다. 퀘이커교 학교였는데도 규율이 너무 엄했고 자유가 없었다. 수잔은 이를 앙다물고 버텨 나갔다.

1838년 5월 15일, 학교에 특별한 손님이 찾아왔다.

루크레티아 모트 부인이 특별 강연을 하러 온 것이다. 이날 모트는 노예 제도 폐지를 주장했고, 수잔은 넋을 잃고 강의를 듣는다.

여자가 번 돈은 여자가 관리하게 하라

수잔이 스물여섯 살 때 미국 경제가 흔들린다. 문을 닫는 공장과 가게가 늘기 시작했다. 혹시나 했는데 역시나 아버지 공장도 문을 닫을 수밖에 없는 처지가 되었다. 아버지는 빚을 갚기 위해 집뿐만 아니라 팔 수 있는 물건을 모두 내놓았다. 집안 형편이 안 좋아지자 수잔은 다시 뉴욕 근처에 있는 초등학교에 취직을 한다.

몇 달 뒤 외할아버지가 돌아가시면서 어머니에게 상당히 많은 재산을 유산으로 물려주었다. 그 돈으로 수잔네는 뉴욕 주 로체스터에 농장을 사서 이사한다. 수잔은 1846년 외삼촌 소개로 케네조하리 학교로 자리를 옮겨 여학생부를 맡아 가르친다. 수잔은 엄했지만 학생들을 진심으로 사랑했다. 학생들과 마을 사람들은 그런 수잔을 존경했다.

1848년 어느 날, 집에 다니러 온 수잔에게 아버지가 종이 한 장을 내민다.

"수잔, 이것 좀 보렴. 엘리자베스 캐디 스탠턴과 루크레티아 모트 부인이 쓴 '여성 권리 선언'이야."

선언은 "남성과 여성은 모두 평등하게 태어났다." 이렇게 첫 구절을 시작했다. 이 구절은 미국 '독립 선언서'에 나와 있는, "인간은 모두 평등하게 태어났다"는 글귀를 살짝 바꾸어 쓴 것이다. 지금 눈으로 보면 아주 당연한 말이지만, 그때 사람들에게 '남성과 여성은 모두 평등하게 태어났다'는 말은 그야말로 말도 안 되는 말이었다. 당시 여자는 인간이 아니었다. 미국 '독립 선언서'에서 말하는 '인간'은 남자만을 뜻하는 말이었다.

엘리자베스 캐디 스탠턴과 루크레티아 모트는 자신들의 주장을 간결하게 정리했다.

> 여자가 번 돈은 여자가 관리하게 하라.
> 자유롭게 자신의 의견을 말할 수 있게 하라.
> 식구들이 애써 번 돈으로 술을 사 먹는 남편과는 이혼할 수 있게 하라.
> 남자와 똑같이 교육을 받고, 직업을 선택할 수 있게 하라.
> 투표를 할 수 있게 하라.

수잔은 아버지에게 엘리자베스 캐디 스탠턴을 한번 만나 보고 싶다고 했다. 아버지는 언젠가 때가 되면 자연스럽게 만나게 될 것이라고 했다.

1851년, 수잔은 뉴욕 주 세네카폴스에서 열린 노예 해방 강연회에서 엘리자베스 캐디 스탠턴을 만난다. 수잔은 비쩍 마르고 키가 큰데 엘리자베스는 뚱뚱하고 작았다. 수잔은 결혼을 하지 않은 처녀였고, 엘리자베스는 아이가 셋인 아줌마였다. 수잔은 조용했고, 엘리자베스는 말이 많고 늘 방글거렸다. 겉보기에 둘은 너무나 딴판이라 절대로 어울리지 않아 보였다. 하지만 두 사람은 바늘과 실처럼 서로가 서로를 도와주면서 둘 중 누구라도 없으면 안 되는 동지가 되었다.

만약 여자에게 투표권이 있었다면

당시 여자에겐 권리는 없고 의무만 있었다. 결혼을 하면 여자는 남편을 위해 일하는 하인이고, 남편이 가지고 있는 여러 물건 가운데 하나에 불과했다. 죽거나 불구자가 되지 않는 한 남편은 아내를 때릴 수 있었다. 아내의 재산이나 물건은 모두 다 남편 것이 되었다.

수잔과 엘리자베스는 이런 상황을 바꾸고 싶었다. 여자도 남자와 동등한 사람이라는 것을 인정하는, 그런 미국을 만들고 싶었다. 둘은 그 첫출발을 '결혼한 여성의 재산권을 보장하는 법'을 뉴욕 주에 정하는 일로 잡았다. 수잔은 여성의 재산권을 알리기 위한 강연회를 열고, 법을 새로 마련하자는 탄원서에 서명을 받아 엘리자베스에게 보냈다. 엘리자베스는 이 탄원서를 들고 주 의원들을 만나 여자의 재산권을 보장해 달라고 부탁했다. 의원들은 엘리자베스 말을 관심 있게 들어 주는 척했지만 자리에서 일어나면 바로 잊어버렸다. 어렵게 받아 온 탄원서 서명 종이도 엘리자베스가 나가면 곧바로 쓰레기통에 버렸다.

그래도 수잔과 엘리자베스는 포기하지 않았다. 둘은 해마다 탄원서를 들고 의회를 찾아갔다. 처음에는 들은 체도 하지 않던 의원들이 해가 갈수록 수잔과 엘리자베스의 말에 하나둘 귀를 기울이기 시작했다. 왜냐면 둘의 주장이 하나도 틀리지 않았기 때문이다. 1860년 3월 20일, 뉴욕 주는 새로운 법 하나를 더한다. 바로 '결혼한 여성의 재산권법'이다. 이제 결혼한 여자는 자신이 번 돈이나 친정에서 상속받은 재산을 자기 이름으로 가질 수 있게 되었다. 또 아이를 키울 권리도 남편과 똑같이 나누어 갖게 되었다. 미국 연방 헌법이 아닌, 뉴

욕 주법 하나를 정하기 위해 수잔과 엘리자베스는 7년 동안 싸웠다.

이 일을 하면서 둘은 절실히 깨달은 게 하나 있다. 바로 여성의 참정권이었다. 만약 여자에게 투표권이 있었다면 의원들은 수잔과 엘리자베스의 주장을 무시하지 못했을 것이다. 여성의 재산권 보장법도 그렇게 오래 걸리지 않았을 것이다. 우습게도 당시 미국에서 여자는 투표권이 없었다. 의원이나 대통령을 뽑는 선거 날이 되어도 여자는 집에 있고 남자들만 나가 투표를 했다. 이렇다 보니 의원들은 여성의 인권 보장 같은 것에는 별 관심을 두지 않았다. 그들은 오로지 남자들을 위한 법에만 마음을 쏟았다.

1869년, 수잔과 엘리자베스는 '전국 여성참정권협회'를 꾸린다. 수

잔은 다시 강연을 다닌다. 여성에게 투표권이 주어지면 머지않아 여자도 판사가 될 수 있고, 법을 정하는 의원도 할 수 있다고 주장한다. 사람들은 수잔을 비웃으며 손가락질한다. 어떤 남자는 달걀을 던졌다. 어느 도시에서는 수잔 인형을 만들어 불태우기도 했다. 수잔과 생각이 달라서가 아니었다. 단지 수잔이 '여자'였기 때문이다.

1872년, 수잔의 언니 겔마가 결핵에 걸려 로체스터 농장에서 쉬고 있었다. 수잔은 강연을 잠시 접고 겔마를 지극정성으로 간호한다. 어느 날, 수잔은 투표자 등록을 하라는 공고를 본다. 수잔은 이 공고를 보고 아주 기막힌 생각이 떠올랐다.

'미국 헌법에는 미국에서 태어난 사람은 모두 시민이고, 시민은 선거권을 보호받는다고 나와 있어. 그래, 남자뿐만 아니라 여자도 당연히 시민이지. 그렇다면 우리 여자들도 선거권이 있다는 말과 같잖아. 법 어디에도 여자는 투표할 수 없다는 말이 쓰여 있지 않아. 맞아! 그렇다면 우리 여자들이 투표하는 것을 강제로 막을 수 없다는 말이지.'

수잔은 가까이 있는 여성 동지들에게 이 사실을 알린다.

1872년 11월 1일, 수잔은 언니와 동생들과 같이 투표자 등록소를 찾아간다. 등록소 공무원이 이상하다는 눈빛으로 수잔에게 한마디 쏘아붙인다.

"여자들은 안 돼요!"

수잔은 미국 헌법을 보여 주면서 조목조목 따진다.

"왜 안 된다는 거죠? 여기 헌법을 한번 보세요. 여기 어디에도 여자는 안 된다는 말이 없잖아요."

투표자 등록소 공무원은 수잔이 다그치자 마지못해 투표자 등록을 해 준다. 그날 로체스터에서 수잔을 따라 투표자 등록을 한 여자는 50명이 넘었다. 이날 오후 이 사실이 신문에 크게 보도되고, 사람들은 투표자 등록을 받아 준 공무원을 체포해야 한다고 요란을 떤다. 수잔은 그 공무원을 찾아가 안심을 시켰다.

"걱정하지 마세요. 당신이 체포되어 벌금을 내게 되면 내가 책임질게요."

미국 시민이 투표한 것이 죄입니까?

1872년 11월 5일, 대통령 선거 날 수잔은 언니와 동생들과 함께 투표소에 가 당당히 투표를 한다. 뉴욕 주에서 수잔을 비롯해 투표를 한 여성 12명이 체포되었다.

그런데 수잔의 재판은 바로 하지 않고 다음 해로 연기된다. 그동안 수잔은 미국 모든 주를 돌면서 여자에게도 투표권이 있다고 주장한다. 강연 제목은 '미국 시민이 투표한 것이 죄입니까?'로 잡았다.

1873년 6월 17일, 드디어 재판 날이 잡혔다.

수잔의 변호사 헨리 셀던이 일어나 말했다.

"수잔 B. 앤터니의 남동생이 투표를 했다고 칩시다. 그럼 여러분은 시민이 마땅히 해야 할 일을 했다고 할 것입니다. 그런데 수잔 B. 앤터니가 투표를 하면 왜 죄인이 되어야 합니까? 수잔이 투표를 했기 때문에 죄인인 것이 아니라 여자이기 때문에 죄인이 되는 것입니다. 세상에 이런 법이 어디 있습니까?"

헨리 셀던은 세 시간도 넘게 변론을 했다. 변론이 모두 끝나자 재판장은 판결문을 읽어 나갔다.

"미국 헌법에 따르면 여성은 투표할 권리가 없습니다. 수잔 B. 앤터니에게 벌금 100달러와 재판 비용을 낼 것을 판결합니다."

수잔이 벌떡 일어섰다.

"재판장님, 저는 이 불공정한 판결을 받아들일 수 없습니다. 그래서 벌금을 한 푼도 내지 않을 것입니다. 저는 앞으로 우리 미국 모든 여성이 투표할 수 있는 그날까지 싸울 것입니다. 머지않아 우리 여자들도 투표할 날이 꼭 올 것입니다. 그리고 재판장도, 변호사도, 검사도 여자가 할 수 있는 날이 반드시 오고야 말 것입니다. 그날이 올 때까지 저는 멈추지 않고 싸워 나갈 것입니다."

수잔의 재판 소식은 미국 여성들의 마음을 움직였다. 이로부터 20년이 지난 1893년, 콜로라도 주에서 여성의 투표권을 인정하는 법이 통과한다. 1896년에는 아이다호 주와 유타 주에서도 여성의 참정권을 인정하는 법이 통과한다. 하지만 연방 헌법은 여전히 여성의 참정권을 인정하지 않았다.

1906년 3월 13일, 수잔은 로체스터 집에서 눈을 감는다. 그때 그의 나이 여든여섯이었다. 수잔은 끝내 미국 모든 주의 여성 참정권 보장을 보지 못하고 세상을 떠난다. 1873년 그의 재판 싸움이 있고 난 뒤 47년이 지나 1920년 미국 의회는 연방 헌법 '수정 조항' 제19조에 미국 여성의 참정권을 보장하는 법을 정한다. 미국 헌법은 미국이 독립할 때 정했는데, 세월이 흐르면서 헌법도 조금씩 바뀐다. 헌법이 조금 바뀔 때마다 덧붙이는 내용을 '수정 조항'이라 한다. 사람들은 연방 헌법 수정 조항 제19조의 탄생에 평생 힘을 기울인 수잔을 기리며 여성의 참정권 조항을 '수잔 B. 앤터니 조항'이라 이름 붙인다. 그리고 1979년에는 미국 1달러 동전에 수잔의 초상을 새겨 넣는다.

수잔이 태어난 시대에 여자는 남자와 똑같은 교육을 받을 수 없었고, 결혼하면 남편의 소유물이었다. 또 재산을 가질 수도 없었으며, 투표할 권리도 없었다.

수잔이 어른이 되었을 때도 상황은 나아지지 않았다. 여자에게 권리가 생기려면 법이 바뀌어야 했고, 법이 바뀌려면 여자들도 투표할 수 있어야 했다. 하지만 투표권이 없었다. 그러니 어느 누구도 여자의 말을 귀담아듣지 않았다. 온갖 핍박과 조롱을 당하면서도 수잔은 여성의 투표권을 위해 싸웠다.

수잔의 곁에는 언제나 엘리자베스가 있었다.

왜 안 되나요?

여자들은 '그냥' 안 돼요!

1920년, 여성의 참정권을 보장하는 법이 미국 연방 헌법에 더해졌다. 수잔이 여성 참정권을 위해 싸운 지 51년 만의, 수잔이 눈을 감은 지 14년 만의 일이었다.

인종 분리법이 폐지될 때까지 우리는 버스를 타지 않겠다

로자 팍스와 마틴 루터 킹 목사

흑인의 시민권

몽고메리에서 흑인과 백인이 함께 택시를 탄다면?

1865년 미국 의회에서 노예 제도를 폐지하는 법이 통과한다. 하지만 인종 차별은 그 뒤로 100년이 흘러도 없어지지 않는다. 흑인은 태어날 때부터 백인과 다른 분만실에서 태어났다. 같은 병원에서도 산모는 피부색에 따라 정해진 분만실에서 아이를 낳았던 것이다. 죽어 묘지에 묻힐 때도 흑인은 흑인만이 묻힐 수 있는 곳에 따로 묘를 썼다.

1955년 미국 남부는 '인종 분리법'을 따르고 있었다. 이 법은 흑인을 일상생활에서 차별하는 법이다. 흑인과 백인은 같은 학교에 다닐 수도, 같은 교회에서 예배를 드릴 수도 없었다. 같은 식당에서 밥을 먹을 수도, 같은 호텔에서 잠을 잘 수도 없었다. 이뿐만 아니다. 같은 식수대에

서 물을 마실 수 없고, 영화도 한 극장에서 볼 수 없었다. 음료수 자판기도 흑인, 백인 전용 자판기가 따로 있었다. 대학교도 마찬가지였다. 흑인 학생은 백인 학생과 멀찌감치 떨어져 따로 앉아야 했다. 만약 앨라배마 주 몽고메리에서 흑인과 백인이 함께 택시를 탄다면 그것은 인종 분리법을 어기는 일이었다.

몽고메리에서 하루 동안 버스를 타는 승객 수는 흑인이 4만여 명, 백인이 1만 2000여 명이었다. 흑인이 세 배 이상 많았다. 그런데도 버스 앞자리 열 개는 백인을 위해 반드시 비워 두어야 했다. 흑인은 나머지 26개 자리에만 앉을 수 있었던 것이다.

심지어 백인 승객이 한 명도 없을 때조차도 앞쪽 열 자리는 비워 놓아야 했다. 흑인 승객들은 앞쪽 자리가 텅텅 비어 있어도 감히 그곳에 앉지 못하고 통로에 서서 갔다. 게다가 흑

인이 앉을 수 있는 자리마저 26개로 딱 정해진 것이 아니었다. 만약 백인 자리가 다 차면 버스 운전사는 뒤에 앉아 있는 흑인들에게 일어나 백인들에게 자리를 양보하라고 했다. 그러면 흑인들은 백인들이 앉을 수 있게 자리를 내주어야만 했다.

백인들은 버스에 올라 요금통에 돈을 내고 앞에서부터 앉을 수 있지만 흑인 승객은 버스에 올라 요금을 낸 뒤 다시 내려 뒷문으로 타야 했다. 앉아 있는 백인 승객 앞을 흑인이 지나가서는 안 되기 때문이다. 때때로 못된 백인 운전사는 흑인 승객이 요금을 내고 다시 내려 버스 뒷문 쪽으로 걸어가는 사이에 버스를 몰고 가 버렸다. 이렇게 해도 흑인들은 이 일을 경찰서에 신고할 수 없었다. 물론 모든 운전사가 다 그런 것은 아니었다. 하지만 이런 운전사가 너무 많았다.

안 일어나면 경찰을 부를 거야!

1955년 12월 1일 목요일 저녁.

로자 팍스(Rosa Parks, 1913~2005년)는 몽고메리 페어 백화점에서 재봉 일을 마치고 법원 앞 버스 정류장 쪽으로 발길을 옮겼다. 거리 상점 유리창에는 다가오는 크리스마스를 기념하는 불빛이 요란하게 반짝였다.

로자는 버스에 올라타 요금을 내고 버스 뒷문 쪽으로 몸을 움직였다. 백인 전용 자리 바로 뒤쪽에 빈자리가 보였다. 뒤이어 흑인 셋이 버스에 올랐고, 그들 가운데 한 사람은 로자 옆에 앉고, 나머지 두 사람은 그 옆자리에 앉았다. 몇 정거장을 지나자 36개 자리가 금세 다 찼다. 뒤쪽 26개 자리에는 흑인들이 앉고, 앞쪽 10개 자리에는 백인들이 앉았다.

뱀파이어 극장 정류장에서 한 백인이 버스에 올라타 자리가 없자 통로 쪽에 섰다. 버스 운전사 제임스 블레이크는 몸을 돌려 뒤를 돌아보며 백인 바로 뒷줄에 앉아 있는 흑인들에게 소리쳤다.

"어이, 거기 넷! 모두 빨리 일어나 뒤로 가라고!"

로자와 흑인 남자 셋은 일어나지 않았다. 운전사는 차를 세우더니 운전석에서 일어나 다시 소리쳤다.

"자리를 비켜 주는 게 좋을 거야!"

흑인 남자 셋은 일어나 통로에 섰다. 하지만 로자는 그 백인이 자기 옆에 앉을 수 있게 몸을 살짝 움직일 뿐 일어나지 않았다. 로자는 백인 자리에 앉아 있지 않기 때문에 자리를 내줄 필요가 없다고 생각했다. 몸이 피곤해서도 아니었다. 정말 힘들고 지친 것은 단지 흑인이라는 이유로 백인에게 자리를 양보하는 것이었다. 그것은 한마디로 굴욕이었다.

"이봐, 아줌마, 내가 자리를 비키라고 하잖아. 뭐야? 까맣기만 한 게 아니라 귀까지 먹은 거야? 저기 저 신사분이 서 있는 것이 안 보여!"

운전사는 험악한 얼굴로 다그쳤다.

"네. 나는 안 일어날 겁니다. 내가 왜 일어나야 하죠? 이 자리는 당신도 알다시피 흑인 전용 자리잖습니까!"

"안 일어나면 경찰을 부를 거야!"

"네, 그렇게 하세요."

로자는 짧고 굵게 대답했다. 곧 몽고메리 시 경찰 둘이 올라왔다. 한 경찰이 물었다.

"왜 당신은 자리를 내주지 않습니까?"

"이 자리는 흑인 전용 자리입니다. 여기 앉는다고 체포한다는 게 말이나 됩니까?"

"그건 우리는 잘 모릅니다. 하지만 법은 법이니까 당신을 체포하겠습니다."

로자는 인종 분리법을 어긴 죄로 교도소에 갇혔다.

버스를 타지 맙시다

미국 흑인지위향상협회 몽고메리 지부 대표 닉슨과 백인 변호사 클리포드가 달려와 보석금을 내고 로자는 풀려났다. 몽고메리 흑인 지도자 닉슨이 로자 팍스에게 조심스럽게 물었다.

"로자, 이대로 참을 생각인가요? 나는 이번만큼은 참지 말고 법원에 항소했으면 합니다. 법으로 따져 버스 안 인종 분리법을 아주 폐지해 버립시다."

로자는 바로 답을 할 수 없었다. 하지만 닉슨이 한 말이 하나도 틀리지 않았다. 자기가 나선다면 이참에 인종 분리법을 미국 땅에서 아주 없앨 수도 있겠다는 희망이 싹텄다. 로자는 버스에 올라 요금을 낸 뒤 다시 내려가 뒷문으로 타고 싶지 않았다. 그것은 너무 비참했다.

로자는 남편 레이몬드와 어머니에게 자기 생각을 말했다.

"어머니, …… 레이몬드, 도저히 참을 수가 없어요! 법정 소송으로 우리 식구들이 힘들더라도 한번 싸워 보고 싶어요."

남편 레이몬드는 맥스웰 공군 기지 근처에서 이발사로 일하고 있었다. 만약 로자가 소송을 하면 해고를 당하는 것은 불 보듯 뻔한 일이었다. 이뿐만 아니었다. 로자도 백화점에서 해고당할 것이 분명했다. 더구나 레이몬드는 지금껏 인종 분리법에 맞섰던 흑인들이 백인 우월주의자들에게 폭력을 당하고, 심지어는 맞아 죽거나 총탄에 죽는 것을 지켜봐 온 터였다. 레이몬드도, 어머니도 반대했다.

"여보, 백인들이 당신을 죽이려 할 거요. 억울하더라도 꾹 참고 넘어갑시다."

얼마 전 미시시피 주에서는 열네 살 난 흑인 남자아이가 길을 가다 백인 여자아이에게 "안녕!" 하고 인사를 했다가 백인 남자들에게 끌려가 살해당했지만 범인들은 곧바로 풀려났다.

남편 레이몬드와 어머니는 처음에는 반대했지만 로자의 결정을 존중해 주기로 했다. 어머니가 로자의 손을 잡았다.

"네가 생각하기에 이 일이 의미 있고 선한 일이라면, 그 일에 나도 함께하겠다. 우리 한번 해보자꾸나."

밤늦게 흑인 변호사 프레드 그레이가 달려왔다. 그는 기꺼이 로자의 변론을 맡겠다고 했다. 프레드 그레이는 인종 분리법 반대 운동 단체 사람들에게 전화를 걸었다. 그로부터 나흘 뒤 12월 5일 자로 로자의 항소 재판 날짜가 정해졌다. 흑인 운동가들은 로자의 재판이 있는 '12월 5일' 하루 동안 '버스 안 타기 운동'을 펼치자고 했다. 전단지 5

만 2500장을 찍어 몽고메리 흑인들에게 나누어 주었다.
전단지에는 이렇게 써 있었다.

또 다른 흑인 여성이 체포되어 감옥에 갇혔습니다. 그 까닭은 백인에게 자리를 비켜 주지 않았기 때문입니다. 이런 체포가 계속되는데도 우리가 아무것도 하지 않는다면, 그들은 언제까지나 우리들을 잡아가고 가둘 것입니다.
다음 차례는 당신이 될 수 있습니다. 아니면 당신의 딸이나 어머니가 될지도 모릅니다. 로자 팍스의 재판이 다음 주 월요일에 있습니다. 우리는 부당한 체포에 맞서기 위해 그날 버스를 타지 맙시다.

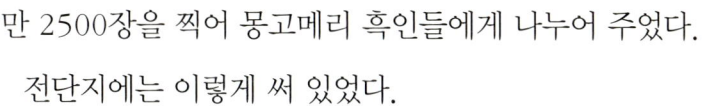

재판 날 하루만이라도 버스를 타지 말자는 호소문이었다. 하지만 흑인 지도부 어느 누구도 이 운동이 성공할지는 장담할 수 없었다. 모두 전단을 읽을 리도 없겠거니와 읽는다 하더라도 생업이 바

쁜 사람들이 버스를 타지 않고 걸어가겠다고 마음먹는 게 그렇게 쉬운 일은 아니었기 때문이다.

우리는 지쳤습니다

1955년 12월 5일, 마틴 루터 킹(Martin Luther King Jr, 1929~1968년) 목사와 그의 아내 코레타는 아침 일찍 일어났다. 코레타는 거실 창가에 앉아 버스 정류장을 내려다봤다. 코레타는 깜짝 놀랐다. 평소 같으면 백인 집으로 출근하는 흑인 가정부들이 버스를 기다리고 있어야 하는데, 단 한 사람도 보이지 않는 것이다.

"여보, 빨리 이리 와 봐요. 버스가 텅텅 비었어요!"

킹 목사도 놀라기는 마찬가지였다.

이때 킹 목사는 몽고메리에 온 지 얼마 되지 않았을 무렵이다. 킹 목사는 1년 전 이곳에 이사 와 한 침례교회 목회자로 일하고 있었다.

이날 흑인들은 버스를 안 타는 대신 택시를 탔다. 닉슨은 몽고메리에 있는 흑인 사장 택시 회사에 전화를 걸어 부탁한다. 당분간 택시 회사들은 버스 요금과 똑같이 한 사람당 10센트를 받고 택시를 태워 주기로 했다. 그때 택시비가 45센트였는데도 흑인 사장들이 닉슨의 간절한 부탁을 저버리지 않은 것이다. 12월 초겨울이라 날씨가 상당히 차가웠다. 흑인들은 옷을 잔뜩 껴입고 직장으로 걸어갔다. 어떤 사람은 30킬로미터 이상을 걸었다.

이날 로자의 재판은 채 10분도 걸리지 않았다. 로자는 인종 분리법을 어긴 죄로 유죄 판결을 받았고, 집행 유예와 함께 벌금 10달러, 법원세 4달러를 선고받았다. 이것은 버스를 140번이나 탈 수 있는 돈이었다. 프레드 그레이 변호사는 곧바로 항소했다. 그로부터 며칠 뒤 로자는 몽고메리 페어 백화점에서 해고된다.

재판이 끝나고 몽고메리 흑인 지도자들은 버스 안 타기 운동을 계속 이어 나갈 것인지, 아니면 이것으로 끝낼 것인지 의논한다. 몇몇 목사들이 이어 가는 것을 망설였다. 닉슨은 그 사람들을 겁쟁이라고 비판한다. 그때 킹 목사가 들어왔다.

"닉슨 선생님, 저는 겁쟁이가 아닙니다. 저는 그 누구한테도 겁쟁이 소리를 듣고 싶지 않습니다."

킹 목사가 회의에 참석한 뒤 분위기가 확 바뀐다. 망설였던 목사들도 마음을 다잡았다. 그 자리에서 몽고메리개선협회를 새로 꾸렸다. 협회장은 신출내기 마틴 루터 킹 목사가 맡았다. 그때 그는 스물여섯 밖에 안 된 혈기 왕성한 청년이었다.

다음 날 이 젊은 목사는 수천 명 앞에서 연설을 한다. 집회가 열린 곳은 홀트 스트리트 침례교회였는데, 교회 안에는 4000명이 꽉 찼고, 밖에는 그보다 더 많은 사람들이 있었다. 몽고메리 흑인 가운데 그가 누구인지 아는 사람은 별로 없었다. 하지만 그가 연설을 하기 시작하자 귀를 기울이지 않을 수 없었다. 그의 목소리는 당당하고 거침없었다.

"드디어 때가 왔습니다. 사람들이 지쳐 가고 있습니다. 우리는 오랫동안 우리를 학대했던 사람들에게 말하기 위해 이 밤 여기에 모였습니다. 우리는 지쳤습니다. 인종 차별과 굴욕에 지쳤습니다. 민주주의가 무엇입니까? 권리를 위해 싸울 권리를 보장하는 게 민주주의 아닙니까?"

사람들은 "옳소! 옳소!" 하면서 열광했다.

"지금 우리의 행동에는 아무런 잘못이 없습니다. 만약 우리에게 잘못이 있다면 그것은 이 나라의 대법원이 잘못된 것입니다. 만약 우리에게 잘못이 있다면 전능하신 하느님이 잘못된 것입니다. 만약 우리에게 잘못이 있다면 정의는 거짓이 될 것입니다. 우리는 정의가 강같이 흐를 때까지 이곳 몽고메리에서 일하고 싸우기로 결심했습니다."

킹 목사의 연설이 끝나고, 랠프 애버내시 목사가 버스 안 타기 운동을 계속할 것인지 투표로 정하자고 했다.

그가 말했다.

"찬성하는 사람들은 일어나십시오."

사람들이 일어나기 시작했다. 앉아 있는 사람은 단 한 사람도 없었다.

흑인 지도부 집에 테러가 일어나다

흑인들은 몽고메리개선협회에 기부를 했다. 일주일에 5달러도 못 버는 사람들이 그 돈에서 1달러를 선뜻 내놓았다. 이뿐만이 아니었다. 북부에서도 남부 다른 주에서도 성금이 들어오기 시작했다. 이렇게 해서 버스보다는 작지만 뒷좌석이 여럿 있는 자동차 30대를 살 수 있었다. 이 차는 교회에서 맡아 운영했다. 교회마다 자신의 교회 이름을 새겨 넣었다. 사람들은 이 차를 '움직이는 교회'라 했다.

흑인 지도자들은 버스 회사에 타협안을 내놓는다.

첫째, 버스 안에서 정중히 대우해 줄 것.

둘째, 흑인 마을을 지나는 버스 노선에 흑인 버스 운전사를 고용할 것.

셋째, 모든 자리가 찰 때까지 흑인은 버스 뒷자리부터, 백인은 앞자리부터 앉되, 먼저 온 사람이 먼저 앉는 것을 원칙으로 할 것. 이 원칙에 따라 흑인은 더 이상 백인에게 자리를 내주지 않아도 되고, 빈자리가 있는데도 서서 가는 일이 없도록 할 것.

하지만 이런 요구는 받아들여지지 않는다.

그들은 오히려 큰소리쳤다.

"우리는 지금도, 앞으로도 결코 검둥이를 고용할 뜻이 없어!"

버스 안 타기 운동이 두 달을 넘어서자 버스 회사 쪽은 사정이 어려워진다. 하루 평균 흑인 4만 명이 이용하는 버스인데, 두 달이 넘게 이 많은 수가 버스를 안 타니 적자가 나는 것은 당연했다. 시내 상점 또한 손님이 줄어 손해가 심각했다. 시청에는 하루빨리 이 문제를 해결하라는 민원이 쏟아져 들어왔다.

버스 안 타기 운동이 계속되자 백인 여성들은 자기 집에서 가정부로 일하는 흑인 여성을 직접 차로 데려오고 데려다준다. 시장은 이를 못마땅하게 여겼다. 그는 이렇게 흑인들의 버스 안 타기 운동을 도와서는 안 된다고 했다. 하지만 백인 여성들은 그의 부탁을 무시한다.

한 백인 여성이 시장에게 따졌다.

"그렇다면 시장님이 와서 다림질도 하고, 빨래도 하고, 설거지도 하고, 아이들도 돌보고, 집 청소도 하고, 상도 차리세요. 그러면 시장님 부탁을 들어주겠습니다."

킹 목사 집에 협박 전화와 편지가 날아들기 시작했다. 'KKK'라고 밝힌 엽서에는 이렇게 써 있었다.

"잘 들어, 이 깜둥아! 넌 이제 죽은 목숨이야. 이제 며칠만 있으면 네놈이 몽고메리에 온 걸 후회하게 될걸!"

1956년 1월 30일, 킹 목사가 집회에서 연설을 할 때 누군가 킹 목사 집 창문으로 폭탄을 던졌다. 다행히 아내 코레타와 태어난 지 두 달이 갓 지난 어린 딸 요키는 집 뒤편에 있어서 아무도 다치지 않았다. 그 이튿날에는 닉슨 집 앞 잔디밭에 다이너마이트가 터졌다. 흑인 지도부 집에 하루가 멀다 하고 테러가 일어났다. 집 유리창에 돌멩이가 날아들고, 차를 망가뜨려 놓았다.

백인 우월주의자(KKK단)

이들의 정식 이름은 '쿠 클럭스 클랜(Ku Klux Klan)'이다. 이들은 자신을 정통 기독교인이라 주장하고, 유대 인을 증오했다. 이들은 비밀 조직이었고, 머리에 두건을 쓰고 흑인들에게 테러와 폭력을 휘둘렀다.

인종 분리법이 폐지되고 시민권법을 선포하다

1956년 11월 13일, 드디어 미국 대법원 판결이 나왔다. 대법원은 앨라배마 주의 인종 분리법이 헌법에 어긋난다고 결론을 내린다. 로자 팍스와 마틴 루터 킹의 승리였고, 몽고메리 흑인들의 승리였다. 1955년 12월 5일부터 시작한 버스 안 타기 운동이 꼬박 1년이 다 되어서야 끝이 난 것이다.

그들은 그동안 사기를 잃지 않고 서로 힘을 북돋기 위해 대규모 집회를 50회 이상 열었다. 폭탄 테러가 열두 번이나 있었고 수백 명이 체포되었다. 협박을 당하고 괴롭힘을 당하고 직장에서 해고되었다. 이렇게 힘든 처지에서도 누구 한 사람 버스를 타지 않은 것이다.

하지만 넘어야 할 산이 하나 더 남았다. 미국 대법원이 이렇게 판결을 했다 하더라도 그것이 몽고메리 시 담당관에게 공식 문서로 넘어와야 인종 분리가 완전히 없어지는 것이다. 문서는 무려 37일 뒤 1956년 12월 20일에 도착했다.

1956년 12월 21일, 버스 안 타기 운동을 시작한 지 381일째 되는 날, 몽고메리 시는 버스 안에서 인종 분리를 폐지한다. 버스 회사는 버스 뒤쪽에 붙어 있는 좌석 분리 안내판을 떼어 냈다. 그곳에는 이렇게 써 있었다.

알림

법에 따라 아래 사항을 반드시 지킵시다.

만약 이것을 어기면 5달러에서 25달러 벌금을 내야 합니다.

백인과 흑인은 정해진 자리에 앉거나 서야 합니다.

이제부터 시작이에요.

그날 아침 킹 목사와 로자는 기쁜 마음으로 버스를 탔다. 몽고메리의 버스 안 인종 분리법 폐지 승리는 여기서 끝나지 않았다. 아니, 미국 곳곳에 남아 있는 인종 분리법 폐지의 시작이 되었다.

호텔이나 식당, 극장이나 대학 강의실에 남아 있는 모든 인종 분리를 없애는 신호탄이 된 것이다.

  1963년 존 F. 케네디 대통령은 인종 분리를 완전히 없애는 연방 법을 국회에 내놓는다. 그런데 그해 텍사스 주 댈러스에서 총에 맞아 죽고 만다. 몇 달 뒤 케네디가 내놓았던 법은 국회를 통과하고, 1964년 린든 존슨 대통령이 연방 법으로 선포한다. 이것이 바로 미국 '시민권법'이다. 이 법이 정해지자 미국 사회는 완전히 바뀐다. 시민권법은 레스토랑, 극장, 호텔, 목욕탕 같은 일반 편의 시설뿐만 아니라 정부 기관과 직장, 공립 학교에서 인종 차별을 금지한다.

  킹 목사는 몽고메리 버스 안 타기 운동을 승리로 이끈 뒤 흑인 인권을 개선하는 일이라면 어디든 달려가서 힘을 보탠다. 이 일로 그는 1964년 노벨 평화상을 받는다.

  1968년 4월 3일, 킹 목사는 메이슨 교회에서 생애 마지막 연설을 한다. 그 뒷날 4월 4일 6시 1분, 그는 저녁을 기다리며 멤피스 로레인 모텔 발코니에 서 있다가 암살자의 총에 맞아 목숨을 잃고 만다. 그때 그의 나이 겨우 서른아홉이었다. 범인으로 체포된 제임스 얼 레이는, 처음에는 자신이 킹 목사를 저격했다고 자백했다가 나중에는 자신이 한 일이 아니라고 발뺌한다. 지금도 이 사건은 뚜렷하게 밝혀지지 않았다.

  그가 한 연설 가운데 가장 유명한 것은 1963년 8월 28일 워싱턴

링컨 기념관 광장에서 한 연설이다.

 나에게는 꿈이 있습니다. 노예의 후손들과 노예 주인의 후손들이 형제처럼 손을 맞잡고 나란히 앉는 꿈입니다. 나에게는 꿈이 있습니다. 내 아이들이 피부색을 기준으로 사람을 평가하지 않고 인격을 기준으로 평가하는 나라에서 살게 하는 꿈입니다. 나에게는 꿈이 있습니다. 흑인 어린이들이 백인 어린이들과 형제자매처럼 손을 마주 잡을 수 있는 날이 반드시 올 것이라는 꿈입니다.

로자 팍스는 몽고메리에서 협박 전화에 시달리다 남동생이 살고 있는 디트로이트로 이사를 간다. 그곳에서 로자는 존 코니어스 하원 의원실에서 일하며, 평생 소외받는 흑인들의 권리를 위해 강연을 하고 불의에 맞서 싸운다. 로자는 사람들이 자신에게 관심을 가져 주는 것을 고마워했지만, 자신의 행동이 지나치게 부풀려지고 자신에게 '현대 시민권 운동의 어머니'니 '시민권 운동의 수호자'니 하는 것에 몸 둘 바를 몰라 했다. 로자는 1996년 빌 클린턴 대통령으로부터 미국 행정부가 주는 최고의 상 '대통령자유메달'을 받는다. 그리고 2005년 쓸쓸히 저세상으로 떠난다. 미국 제44대 대통령 버락 오바마는 로자에 대해 이런 말을 남긴다.

"우리는 자주, 마치 몰랐던 것처럼 불의를 당연시하며 살고 있습니다. 로자 팍스는 우리에게 지금 할 수 있는 뭔가가 여기에 있다고 말하고 있습니다."

내가 왜 일어나야 하죠?

"어이, 자리 비키라고."
"난 일어날 까닭이 없습니다."
"무슨 소리야? 당연히 비켜야지."

"인종 분리법을 어겼어!"
"난 잘못한 게 없어요."

1955년 미국 남부는 '인종 분리법'을 따르고 있었다. 흑인과 백인은 같은 학교에 다닐 수도, 같은 교회에서 예배를 드릴 수도 없었다. 같은 식수대에서 물을 마실 수 없고, 영화도 한 극장에서 볼 수 없었다. 음료수 자판기도 흑인, 백인 전용 자판기가 따로 있었다.

흑인 운동가들은 로자의 재판이 있는 '12월 5일' 하루 동안 '버스 안 타기 운동'을 펼치자고 했다. 흑인 지도부 어느 누구도 이 운동이 성공할지는 장담할 수 없었다. 그런데 그날 흑인들은 그 어느 누구도 버스를 타지 않았다!

'버스 안 타기 운동'은 그 뒤로도 쭉 이어졌고, '인종 분리법' 폐지를 위한 흑인 인권 운동으로 번져 나갔다.

킹 목사 집에 협박 전화와 편지가 날아들기 시작한다. 'KKK'라고 밝힌 엽서에는 이렇게 써 있었다.
"잘 들어, 이 깜둥아! 넌 이제 죽은 목숨이야. 이제 며칠만 있으면 네놈이 몽고메리에 온 걸 후회하게 될걸!"

로자는 1996년 빌 클린턴 대통령으로부터 미국 행정부가 주는 최고의 상 '대통령자유메달'을 받는다. 그리고 2005년 쓸쓸히 저세상으로 떠난다.

옷 공장에 취직해 어엿한 노동자가 되다

오늘따라 구두를 닦겠다는 손님이 하나도 없었다. 아침도 못 먹어 배 속에서는 아까부터 '꼬르륵' 소리가 났다. 태일(전태일, 1948~1970년)은 구두 통을 메고 청계천 옷 시장에 다다랐다.

큰 건물 아래층에는 옷 가게가 줄지어 있고, 위층에는 옷 만드는 공장이 들어서 있다. 사람들은 이곳을 '평화시장'이라 했다. 태일은 구두 손님을 찾으러 찻집에 들어갔다. 하지만 공장이 있는 건물이어서 손님이 하나도 없었다. 태일은 힘없이 찻집을 나오다가 문에 붙어 있는 구인 광고 종이를 본다.

'견습공 구함. 월급 1500원. 삼일사.'

태일은 구인 광고를 보고 삼일사 공장에 취직하기로 마음먹는다. 태일도 벌써 열일곱 살이나 되었으니, 언제까지나 구두만 닦고 지낼 수 없는 노릇이었다. 뒷날을 생각해 재봉 기술이라도 배워 둬야겠다고 생각한 것이다.

한 달에 받는 월급이 1500원이면 하루에 50원밖에 안 되는 적은 돈이다. 구두닦이 벌이만도 못한 월급이지만, 쉬는 날 구두를 닦고 일이 끝난 뒤 껌을 팔면 된다고 마음먹는다. 며칠 뒤 태일은 삼일사에 정식으로 취직해 어엿한 노동자가 된다.

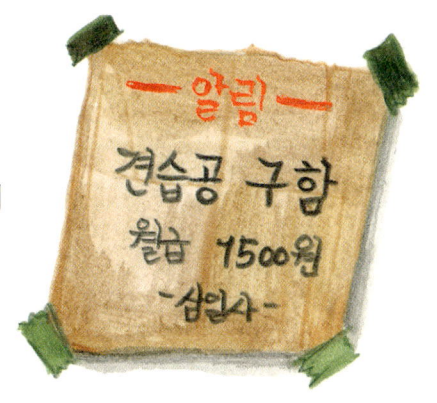

옷 공장 일은 옷감을 옷 모양대로 자르는 재단 일과 이렇게 재단한 천을 재봉틀로 박아 옷을 만드는 재봉 일로 나눌 수 있다. 이런 일을 하는 노동자를 '재단사', '재봉사'라 한다.

그런데 취직을 한다고 해서 바로 재단사나 재봉사가 되는 것은 아니다. 처음에는 '견습공'을 2, 3년 해야 한다. 견습공은 일을 보고 익히는 노동자이고, 공장에서 온갖 허드렛일을 도맡아 한다. 옷감 나르는 일, 재봉사에게 실이나 단추를 갖다 주는 일, 다 만든 옷에서 실밥 뜯어내는 일을 한다. 일이 끝나면 작업장 청소도 해야 한다.

이런 허드렛일을 2, 3년 하고 나면 '보조공'이 된다. 보조공은 재봉사나 재단사 곁에서 손발이 되어 주는 보조 노동자다. 그러면서 간단한 재봉과 재단 기술을 배우고, 이 일을 다시 2, 3년 하고 나면 드디어 재봉사, 재단사가 되는 것이다.

태일도 처음에는 견습공 일부터 시작했다. 그러다가 얼마 뒤 재봉 보조공이 됐고, 삼일사에서 통일사로 공장을 옮겨 가면서 재봉사가 된다. 보통 견습공에서 재봉사가 되려면 5, 6년쯤 걸리는데 태일은 어렸을 때 아버지한테 재봉 기술을 배운 적이 있어 얼마 안 지나 재봉사가 된 것이다.

네가 뭔데 이래라저래라 하는 거냐?

태일은 어엿한 노동자로 취직했으니 이제 고생은 다 끝났구나 싶었다. 태일의 집은 가난했기 때문에 어렸을 때부터 신문팔이, 구두닦이, 껌팔이, 우산 장수, 수레 뒷밀이처럼 온갖 험하고 궂은일을 다 해 봤다. 그런데 옷 공장 일은 지금까지 겪어 본 그 어떤 일보다도 고되고 험했다.

옷 공장 견습공은 거의 다 열두세 살쯤 된 어린 소녀들이었다. 초등학교 5, 6학년이나 중학교 1, 2학년쯤 되는 애들이 집이 가난해 학교를 못 가고 하루에 14시간씩 일했다. 아침 8시부터 밤 10시까지, 일요일도 쉬지 못하고 한 달 내내 일했다. 이렇게 일하고 받는 하루 품삯이 50원이었다. 그때 껌 한 통이 10원, 동화책 한 권이 70원쯤 했다. 그러니 하루 14시간 일하고 겨우 껌 다섯 통 값을 버는 셈이다.

작업장은 구멍가게만 했다. 게다가 사장들은 재봉틀을 한 대라도 더 들여놓으려고 1층 작업장을 2층으로 개조했다. 그래서 작업장 높이가 1.5미터밖에 안 되었다. 노동자들은 하루 종일 허리 한번 제대로 펴 보지 못하고 일했다. 이렇게 다락방을 만들다 보니 창문을 가

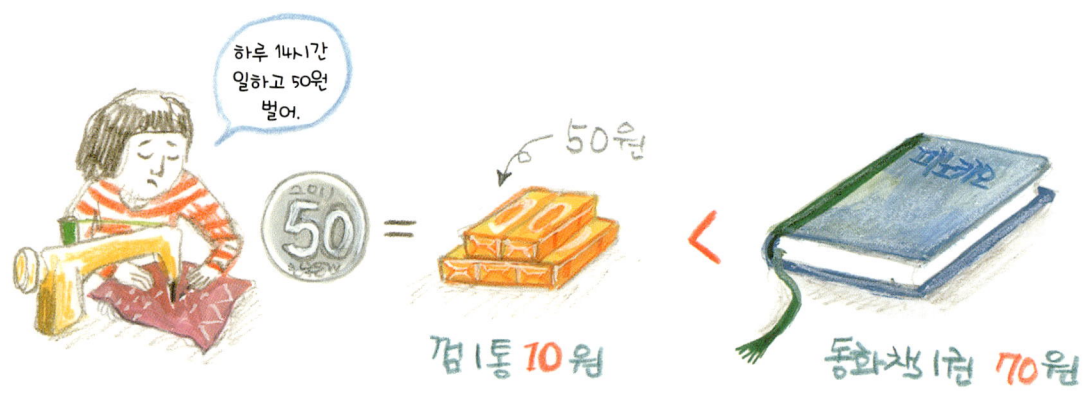

로막게 되어 작업장 안은 대낮인데도 늘 불을 켜 놓아야 할 정도로 어둠침침했다. 햇볕 한 줌 쬐어 보지 못하는 것이다.

창문이 없으니 공기도 안 좋았다. 옷을 만드는 공장이기 때문에 옷감에서 나는 먼지와 실밥이 엄청나게 날아다녔다. 그런데도 작업장에는 변변한 환풍기 하나 돌아가지 않았다. 노동자들은 그 많은 옷먼지를 고스란히 들이마시며 일을 하는 수밖에 없었다. 견습공들은 몇 달만 일해도 코를 쿵쿵거렸고 축농증에 시달렸다. 또 폐병에 걸리는 아이도 있었다.

지금은 공장마다 식당이 따로 있지만 그때는 공장에서 점심과 저녁을 챙겨 주지 않았다. 모두 다 알아서 도시락을 싸 와야 했던 것이다. 하지만 도시락을 못 싸 오는 소녀들이 많았다. 너무 가난해 도시락조차 싸 오지 못한 것이다. 이 소녀들은 점심과 저녁을 굶은 채 밤 10시까지 버텨야 했다. 태일은 어머니가 싸 준 점심 도시락 밀가루 개떡을 풀었다.

"오늘따라 왜 이렇게 배가 안 고프지? 나는 못 먹겠으니 너희들이나 먹어라."

태일은 이렇게 너스레를 떨고 밖으로 나갔다. 견습공 소녀들도 태일의 마음을 알았다. 그들은 눈물을 흘리며 밀가루 개떡을 나누어 먹었다. 어떤 날은 집에 갈 차비를 털어 하나에 1원 하는 풀빵 30개를 사 와 나누어 먹었다. 이런 날이면 태일은 화장실에 가 수돗물로 배를 채웠고, 일이 끝나면 버스비가 없어 허기진 배를 움켜쥐고 두 시간을 걸어 집으로 갔다.

　옷 공장에서 사장 다음으로 힘 있는 사람은 재단사였다. 재단 일은 아주 전문 일이었기 때문에 그만큼 사장이 믿어 주었던 것이다. 태일은 재단사가 되기로 결심한다. 재단사가 되면 어린 소녀들의 이익을 지켜 줄 수 있고, 작업 환경을 더 좋게 할 수 있을 것이라고 생각했다. 하지만 재단사가 되려면 재단 보조공부터 다시 시작해야 했다. 태일이 재봉사 일을 하면서 받는 월급이 7000원인데 재단 보조공이 되면 한 달에 3000원밖에 받지 못한다. 월급을 4000원이나 적게 받게 되는 것이다. 그러면 가뜩이나 어려운 집안 살림이 더욱 쪼들릴 것은 뻔했다. 하지만 어린 소녀들의 처지를 조금이라도 개선하려면 이 길밖에 안 보였다. 그렇게 하면 더 이상 폐병에 걸리는 소녀도 없을 것이라고 생각했다. 태일은 1년쯤 재단 보조공으로 일한 뒤 마침내 재단사가 되었다.

　태일은 재단사가 되어 공장에서 사장 다음으로 힘이 셌다. 태일은 소녀들의 작업 환경을 조금이라도 고치려고 했다. 사장에게 환풍기를 달아 달라고 했고, 형광등도 여러 개 달아 불빛을 밝게 하자고 했다. 이렇게라도 해야 어린 소녀들의 건강을 지킬 수 있을 것 같았다. 하지만 사장은 태일의 말을 무시했다. 되레 화를 냈다.

　"네가 뭔데 이래라저래라 하는 거냐? 네가 저 아이들 오빠라도 돼?

사장한테 이것저것 해 달라고 할 거면 당장 그만둬!"

태일은 사장에게 대들고 싶었지만 참았다. 자기가 여기서 나가면 이 아이들은 더 힘들 것이 뻔하기 때문에 입술을 꾹 깨물었다.

재단사가 되어도 태일이 할 수 있는 일은 하나도 없었다.

도무지 답이 안 보였다.

나에게 대학생 친구 하나만 있으면

이 무렵 태일은 아주 놀라운 사실 하나를 알게 된다. 바로 '근로 기준법'이었다. 이 법은 말 그대로 근로자의 권리를 지켜 주는 법이다. 태일은 곧바로 '근로 기준법' 책을 사 읽어 나갔다. 태일은 눈이 휘둥그레진다.

근로 기준법 제42조 근로 시간은 하루에 8시간, 일주일에 48시간을 기준으로 한다.

근로 기준법 제45조 사장은 근로자에게 일주일에 하루 이상 휴일을 주어 쉬도록 해야 한다.

근로 기준법 제56조 여자와 18세 미만 어린 노동자에게는 야간 작업을 시키지 말아야 한다.

근로 기준법 제59조 여자 노동자에게는 반드시 한 달에 하루씩 또 다른 휴가를 주어야 한다.

평화시장 어린 노동자들은 하루에 14시간, 일주일에 98시간 일하고 있었다. 그런데 근로 기준법에는 그 반만 일해도 월급을 받을 수 있다고 되어 있는 것이다. 또 일요일에도 쉬지 못하고 나와 꼬박 일을 했다. 1년 내내 줄곧 일하고 또 일해야 했다. 그런데 근로 기준법에는 일요일은 일하지 않고 쉬도록 되어 있었다. 더구나 만일 사장이 이 법을 지키지 않으면 처벌을 받는다고 나와 있었다. 태일은 깜짝 놀랐다. 근로 기준법에 따르면 평화시장 사장들은 모두 감옥에 가야 했기 때문이다.

한 조목 한 조목 짚으며 읽어 갈 때마다 태일은 화가 나 참을 수 없었다. 평화시장에서는 근로 기준법 가운데 어느 것 하나 제대로 지켜지지 않았기 때문이다. 태일은 어떻게 해서든 근로 기준법을 더 알아보아야겠다고 마음먹는다. 공장에서 돌아오면 몸이 천근만근이어도, 잠이 쏟아져도 허벅지를 꼬집으며 밤늦게까지 책을 읽고 또 읽었다. 하지만 태일은 학교를 제대로 다니지 못해 모르는 것이 많았다. 게다가 법에서 쓰는 말이 너무 어렵고 한문은 또 왜 그리 많은지, 태일은 어머니에게 한탄하며 이렇게 말한다.

"어머니, 저에게 많이 배운 대학생 친구 하나만 있으면 원이 없겠어요."

하지만 둘레에 잘 배운 사람들은 평화시장 노동자들의 처지에 관심이 없었다.

태일은 근로 기준법을 읽어 나가면서 실마리를 조금씩 찾아가기 시작했다. 노동자들한테 당연히 해 주어야 할 대우를 사장들은 전혀 해 주지 않고 있었다. 그래서 노동자들은 늘 가난했고, 사장들은 점점 더 부자가 되어 가고 있었던 것이다. 태일은 여기까지는 알 수 있었다. 하지만 그다음에 어떻게 해야 할지 알 수 없었다.

태일은 평화시장 재단사들에게 근로 기준법을 들려주었다. 동료 재단사들은 이 말을 듣고 깜짝 놀랐다.

"정말이야? 그럼 우리가 여태껏 속고 살아온 거잖아!"

재단사들은 함께 모여 공부하면서 방법을 찾아보기로 했다. 모임 이름도 정했다. 태일은 '바보회'라 하자고 했다.

"내가 노동 운동을 하겠다니까 어떤 선배 재단사는 바보 같은 짓 하지 말라고 하더군요. 그래요, 우리는 어차피 바보예요. 아무것도 모른 채 평생 기계처럼 일만 해 왔으니 말입니다. 하지만 어차피 바보일 바에야 기계처럼 일만 하는 바보보다 사람답게 살려고 노력하는 바보가 더 낫지 않겠어요? 그런 뜻에서 우리 모임 이름을 '바보회'로 짓는 게 어떻습니까?"

　재단사들은 태일의 말을 듣고 그게 좋겠다고 박수를 쳤다. 바보회 회원들은 틈만 나면 모여서 근로 기준법을 공부했다.

말만 할 뿐 실제로 해 준 것은 하나도 없다

바보회 회원들은 평화시장 노동자들이 어떤 환경에서 일하고 있는지 제대로 알아보기로 했다. 설문지를 만들어 평화시장 노동자들에게 몰래 나눠 주고 받아 냈다. 300장을 돌렸지만 받아 낸 설문지는 고작 30장뿐이었다. 사장에게 들켜 설문지를 몽땅 빼앗기기도 했다. 동료 노동자들한테도 쓸데없는 짓을 한다고 핀잔까지 들었다.

태일과 바보회 동료들은 거둬들인 설문지를 들고 노동청 근로 감독관을 찾아갔다. 근로 감독관은 노동자들이 직장에서 부당한 대우를 받지 않게 감독하는 사람이다. 노동자들의 이익을 지켜 주고, 근로 기준법을 지키지 않는 사장이 있으면 법에 고발하는 일을 한다. 태일은 근로 감독관에게 평화시장 노동자들의 현실을 알리면 뭔가 대책을 세워 줄 것이라고 기대했다.

태일과 동료들이 근로 감독관 방에 들어서자 그는 태일의 몰골을 위아래로 훑어보며 물었다.

"무슨 일이오?"

태일은 차분하게 말을 꺼냈다.

"우리는 청계천 평화시장에서 일하는 노동자들입니다. 우리가 일하는 공장 실태를 말씀드리고 도움을 받으러 왔습니다. 평화시장 옷 공장에서 일하는 어린 여공들은 하루에 14시간씩······."

그는 손을 휘휘 내저으며 태일의 말을 잘랐다.

"아아, 요점만 간단히 말하세요. 나는 한가한 사람이 아니란 말입니다."

태일은 몇 가지 중요한 얘기를 하려 했으나 그마저도 제대로 듣지 않았다.

"그러니까 이게 설문 조사를 한 결과란 말이지요? 알았어요. 나중에 읽어 볼 테니 거기 책상 위에 올려놓고 가세요."

태일은 근로 감독관의 태도에 큰 충격을 받았다. 근로 감독관이 하는 일이 노동자를 위한 일인데도 그는 아무 관심이 없었다. 더구나 노동자가 직접 찾아와 노동 현장의 고통을 고발하는데도 귀찮아 했다. 쫓겨나다시피 나온 태일과 바보회 동료들은 아무도 입을 열지 않았다. 이 세상에 노동자 편은 하나도 없는 것 같아 비참했다. 근로 기준법도, 근로 감독관도, 있으나 마나 했다.

노동청에 갔다 온 뒤 이 사실이 평화시장 사장들에게 알려졌고, 태일은 그 뒷날 바로 해고되었다. 뿐만 아니라 다른 공장 사장들도 태일을 '위험 인물'로 보고 재단사로 쓰지 않았다. 태일이 평화시장에서 일할 수 있는 곳은 하나도 없었다.

태일은 평화시장에서 직장을 구할 수 없어 건축 공사판을 돌아다니며 일했다. 그는 고된 일을 하면서도 생각하고 또 생각했다.

'도대체 남을 돕는 일에 자기희생이 따르지 않는 경우가 어디 있단 말인가. 예수는 무엇 때문에 십자가에 못 박혀 죽었던가. 일본 침략에 맞서 싸우다 죽은 독립군은 또 얼마나 많은가. 나는 지금까지 평화시장 어린 여공들을 위해 어떤 희생을 했던가. 아무 희생도 없이 그들의 삶이 나아지기만을 바라다니……'

태일은 그날 밤 일기에 이렇게 썼다.

> 나는 돌아가야 한다.
> 내 마음의 고향으로, 내 꿈의 전부인 평화시장 어린 동심들 곁으로. 내 생명을 바쳐 돌보지 않으면 안 될, 나약한 그들의 곁으로. 나를 버리고, 나를 죽이고 가마.
> 조금만 참고 견뎌라.

평화시장에서 쫓겨난 지 1년쯤 지나자 태일에 대한 소문도 가라앉았다. 태일은 별 어려움 없이 다시 평화시장에서 재단사로 일할 수 있었다. 태일은 예전의 바보회 동료들을 만났다. 무엇보다도 급한 일은 어떻게 해서든 평화시장의 비참한 현실을 국민에게 알리는 일이었다.

바보회 동료들은 새롭게 출발한다는 의미로 이름도 '삼동 친목회'로 바꾸었다. 삼동이란 평화시장·동화상가·통일상가, 이렇게 세 공장 건물 이름을 뜻했다.

내 죽음을 헛되이 하지 말라

삼동회 동료들은 평화시장에서 시위를 하기로 했다. 평화시장 노동자들의 현실을 세상에 알리고 이 일을 평화시장 노동자들과 같이 해결하기로 마음을 모았다. 태일은 이날 근로 기준법 화형식을 하자고 했다. 아무짝에도 쓸모없는 법, 법을 지키지 않아도 처벌받지 않는 법, 이런 법은 필요 없기 때문에 불살라 버리자고 한 것이다. 시위 날짜는 사흘 뒤 점심시간 한 시로 정했고, 평화시장 앞 은행 앞에 모이기로 했다.

근로 기준법 화형식을 하기로 한 날, 태일은 옷을 단정하게 갈아입었다. 방도 깨끗이 청소했다. 태일은 집을 나서기 전에 아침으로 라면을 먹었다. 어머니는 그것이 태일의 마지막 아침이 되리라는 것을 상상도 못했다. 태일은 아침밥을 먹고 막냇동생 순덕의 머리를 쓰다듬어 주고 집을 나섰다.

1970년 11월 13일 낮 1시.

평화시장 앞에는 500명쯤 되는 노동자들이 모여들었다. 태일과 삼동회 동료 한 사람이 미리 준비한 현수막을 들고 거리로 뛰쳐나갔다. 현수막에는 '우리는 기계가 아니다'라고 쓰여 있었다. 그러자 형사 두 사람이 달려들어 현수막을 빼앗으려 했다. 그러는 바람에 현수막이 쭈욱 소리를 내며 찢어져 버렸다.

 삼동회 회원들과 노동자들이 거리로 뛰어나왔다. 시장 경비원과 경

찰들이 거리로 나오는 노동자들을 몽둥이로 막았고, 노동자들은 그들을 밀치고 거리로 나가려 했다. 이렇게 몸싸움이 10여 분쯤 벌어지고 있을 때였다. 한쪽 골목에서 온몸에 불이 붙은 채 거리로 뛰어나오는 사내가 있었다.

태일이었다.

"근로 기준법을 준수하라!"

"우리는 기계가 아니다!"

"일요일은 쉬게 하라!"

"노동자를 혹사하지 마라!"

온몸이 불에 타고 있는데도 태일은 쉬지 않고 울부짖었다. 노동자 한 사람이 뛰어가 점퍼를 벗어 태일의 몸을 감쌌다. 다른 사람들도 달려가 옷을 벗어 태일을 덮었다. 불은 꺼졌지만 태일의 몸은 이미 까맣게 타 있었다. 까맣게 탄 태일이 소리쳤다.

"내 죽음을 헛되이 하지 말라……!"

급히 병원으로 옮겼지만 그날 밤 10시, 태일은 숨을 거두었다. 눈을 감기 직전 태일이 희미하게 눈을 떴다.

"배가 고프다……"

스물세 살 청년 전태일은 이 말을 마지막으로 남기고 저세상으로 떠났다. 태일이 죽은 지 14일이 지난 뒤 평화시장에 정식으로 '노동조합'이 탄생했다. 노동조합은 작업장에서 노동자의 권리를 보호하고

챙겨 주는 단체다. 평화시장 노동조합은 삼동회 동료들이 맡았다. 노동 시간은 하루 8시간으로 줄었고, 작업장에는 환풍기가 돌아갔다. 월급도 조금 올랐다. 삼동회 동료들은 전태일의 뜻을 잊지 않고 어린 노동자들의 권리를 위해 힘썼다.

 그때 우리나라 공장에는 변변한 노동조합이 없었다. 노동조합이 있는 사업장이라 하더라도 그 노동조합은 노동자 편이 아니라 사장 편을 들었다. 이 땅의 노동자들은 전태일의 뜻을 잊지 않고 진정으로 노동자의 편에 서는 노동조합을 꾸리기 위해 싸워 나갔다. 우리나라

공장 곳곳에 전태일의 뜻을 이어받은 노동조합이 태어났다. 하지만 그것은 너무나 힘든 싸움이었다. 참노동조합이 태어나기까지는 전태일의 분신 이후 20년이 걸렸다. 우리나라 1000만 노동자의 대변인 노동조합은 전태일의 뜻을 가슴에 새기고 노동자의 복지와 권리를 위해 오늘도 싸우고 있다.

우리는 기계가 아니다!

옷 공장 견습공은 거의 다 열두세 살쯤 된 어린 소녀들이다. 초등학교 5, 6학년이나 중학교 1, 2학년쯤 되는 애들이 집이 가난해 학교를 못 가고 하루에 14시간씩 일했다.

어린 견습공들의 건강을 걱정하던 태일은 아주 놀라운 사실 하나를 알게 된다. 바로 '근로 기준법'이었다. 이 법은 말 그대로 근로자의 권리를 지켜 주는 법이다.

근로 기준법 제42조
근로 시간은 하루에 8시간, 일주일에 48시간을 기준으로 한다.

근로 기준법 제56조
여자와 18세 미만 어린 노동자에게는 야간 작업을 시키지 말아야 한다.

근로 기준법 제59조
여자 노동자에게는 반드시 한 달에 하루씩 또 다른 휴가를 주어야 한다.
:

바보회 회원들은 평화시장 노동자들이 어떤 환경에서 일하고 있는지 제대로 알아보기로 했다.
설문지를 만들어 평화시장 노동자들에게 몰래 나눠 주고 받아 냈다.

"너희는 시키는 대로만 하란 말이야!"

"우린 로봇일 뿐이었어."

결국, 태일은 해고되었다.

그때 골목에서 온몸에 불이 붙은 채 거리로 뛰어나오는 사내가 있었다. 청년 노동자 전태일이었다!

"내 죽음을 헛되이 하지 말라!"

1970년 11월 13일 평화시장 노동자 500여 명이 모였다. 시장 경비원과 경찰들이 거리로 나오는 노동자들을 몽둥이로 막았고, 노동자들은 그들을 밀치고 거리로 나가려 했다.

태일이 분신한 이후 20년이 지나서야 참노동조합이 이 땅에 태어났다.

가혹한 어린이 노동을 막아라

국제앰네스티

어린이의 인권을 찾는 일

신문을 한번 펼쳐 보라

1960년 어느 날, 영국 변호사 피터 베넨슨(Peter Benenson, 1921~2005년)은 신문에서 아주 놀라운 소식을 읽는다. 포르투갈 수도 리스본에서 대학생 둘이 술집에서 "자유를 위하여!" 건배를 했다는 것 때문에 경찰에 잡혀가 감옥살이 7년 형을 받았다는 것이다. 정말 말도 안 되는 일이었다.

그는 고민한다.

'이 두 젊은이를 도울 수 있는 방법이 없을까?'

그는 사무실에 가지 못하고 7시간도 넘게 런던 거리를 걷고 또 걷는다. 마침내 그는 무엇을 해야 할지 마음먹는다.

"한 사람이 저항하는 것은 아무 힘도 없어. 하지만 많은 사람들이 함께 뜻을 모아 저항하면 큰 바람을 일으킬 수 있지."

그는 자신이 아는 변호사, 예술가, 출판사 편집자 몇에게 자기 생각을 말하고 이 일을 함께 해 나가자고 한다. 몇 사람이 그와 뜻을 같이했고, 그 이듬해 '사면을 위한 탄원 1961(Appeal for Amnesty 61)'을 꾸린다. 여기서 '사면'은 죄를 묻지 않고 석방하는 것을 뜻한다. '탄원'은 어떤 사람의 딱한 사정을 헤아려 달라고 부탁하는 것이다. 그들은 자신의 양심과 정의를 지키려다 감옥에 갇힌 양심수가 있는 나라 정부에 탄원서를 써 보낸다. 하지만 힘 있는 단체가 아니어서 별 효과가 없었다.

1961년 5월 8일, 피터 베넨슨은 이 일을 세계 사람들과 함께하기 위해 런던《옵서버》지와 파리《르몽드》지에 에세이 〈잊힌 죄수들〉을 발표한다. 글 제목 '잊힌 죄수들'에서 '죄수들'은 살인이나 강도짓을 한 죄인이 아니다. 그들은 포르투갈 두 젊은이처럼 자신의 양심과 정의를 지키려다 독재자에게 붙잡혀 감옥에 갇힌 사람들이다. 양심수에 대한 기사가 텔레비전과 신문에 날마다 나오는데도 우리는 잠깐 생각할 뿐 곧 잊어버리고 만다. 우리의 기억에서 잊히면 그 사람들은 죽을 때까지 감옥에 갇혀 있을 것이다. 피터 베넨슨은 이 사람들을 잊지 말고, 그들을 도와야 한다고 주장한다.

글은 이렇게 시작한다.

어느 날이든 상관없다. 신문을 한번 펼쳐 보라. 세계 여러 나라에서 자신의 양심과 정의를 지키려는 의로운 사람들이 억울하게 감옥에 갇히고 있다. 독재 정권의 잘못을 비판하는 사람들이나 자신의 종교를 지키려는 사람들이 감옥에 가고, 고문을 당하고, 총살을 당한다. 우리가 집에서 이런 일이 잘못됐다고 혼자 흥분하고 화를 낸다 하더라도 독재자들은 탄압을 멈추지 않을 것이다. 세계 시민 한 사람 한 사람이 힘을 모아야 한다. 그렇게만 된다면 우리는 이 세상을 좀 더 상식이 통하는 세상으로 바꿀 수 있다.

이 글은 유럽 지식인들의 마음을 움직인다. 너도나도 그의 뜻에 함께하겠다고 연락해 온다. 이렇게 해서 태어난 것이 '앰네스티 인터내셔널(Amnesty International)'이다. 우리말로 옮기면 '국제사면위원회'다. 지금은 보통 '국제앰네스티'라 한다. 이 국제 비정부 기구(NGO, Non-Governmental Organization)는 '양심수 석방 운동'을

김대중
(대한민국 대통령)

넬슨 만델라
(남아프리카 공화국 대통령)

펼친다. 지금도 독재 정권이 들어선 나라에서는 수많은 사람들이 독재자에 대항해 싸우다 감옥에 갇히고 있다. 독재자들은 자신과 생각이 다른 사람들을 거리낌 없이 감옥에 가두고 있다. 이렇게 감옥에 갇힌 사람들을 '양심수'라 한다. 바르고 맑은 마음으로 독재자를 비판하는 사람들이다. 국제앰네스티는 이런 나라에 양심수를 석방하라고 탄원서를 보낸다.

1963년, 세계 양심수 140명이 감옥에서 나온다. 그 뒤로 10년 동안 세계 양심수 2만여 명이 국제앰네스티의 탄원서를 받고 석방된다. 이 가운데 노벨 평화상을 받은 이가 12명이나 된다. 우리나라 정치인 김대중, 남아프리카 공화국의 넬슨 만델라도 국제앰네스티의 탄원 활동으로 가택 연금과 감옥에서 풀려날 수 있었다. '가택 연금'은 감옥은 아니지만 집에 가두어 놓고, 집 밖 활동을 자유롭지 못하게 감시하는 처벌이다.

세계 어린이 1억 7800만 명이 '가혹한 노동'을 하고 있다

국제앰네스티는 영국 런던에 본부가 있고, 150여 나라에 지부와 사무실을 두고 있다. 회원은 700만 명이 넘는다. 국제앰네스티는 사람의 인권 보장을 위해 독재 정부나 국제 기업에 맞서 싸우는 단체이기 때문에 정부나 기업의 후원을 받지 않고 오로지 회원들의 회비로만 운영한다. 1977년 국제앰네스티는 세계 인권 운동을 인정받아 노벨

평화상을 받는다. 그리고 그 이듬해 1978년에는 국제 연합(UN)으로부터 세계 인권상을 받는다.

아직도 세계에는 30만 명이 넘는 아이들이 전쟁터에서 총을 들고 싸우고 있다. 81개가 넘는 국가에서는 비밀리에 고문이 이루어지고 있으며, 54개가 넘는 국가에서는 불공정한 재판이 이루어지고 있다. 여전히 수많은 여성들이 관습·문화·종교의 폭력에 힘들어 하고, 양심수가 감옥에 갇히고, 테러를 당하고, 소리 없이 실종되고 있다. 국제앰네스티는 이런 모든 일에 관심을 두고 싸워 나가고 있다. 이 가운데 어린이들의 가혹한 노동도 큰 문제가 되고 있다.

2004년 국제노동기구(ILO)는 2억 1800만 명이 어린이 노동자이며, 이 가운데 1억 7800만 명이 '가혹한 노동'을 하고 있다고 발표한다. 여기서 '어린이 노동'이란 열여덟 살 이전의 어린이가 하는 모든

경제 활동을 말한다. 이 가운데서도 '가볍고 쉬운 노동'이 아닌, 위험한 조건에서 하는 경제 활동이 '가혹한 노동'이다.

 인도에서는 어린이 6000만 명이 공장이나 여러 작업장에서 일하고 있다. 인도의 소규모 사업장 사장은 아이들을 좋아한다. 아이들은 임금을 적게 줘도 되고, 고용주가 마음대로 부릴 수 있기 때문이다. 또 어린이들은 노동조합을 꾸리기가 쉽지 않다. 아이들은 노동 조건에 불평하지도 않고, 임금을 주지 않아도 큰 문제가 되지 않는다. 어른을 고용하는 것보다 훨씬 싸고 편한 것이다. 그래서 어린이 노동자가 많고, 그에 견주어 어른은 6500만 명이 실업자다.

 지금 세계 어린이 가운데 학교에 못 가는 어린이가 1억 8200만 명에 달한다. 이들은 지금 가혹한 노동에 시달리고 있다. 낮에 일해야 하기 때문에 학교에 못 가는 것이다. 이 어린이들이 나중에 어른이 되면 자식들도 마찬가지로 학교에 가지 못한다.

터키, 열두 살 남자아이 무하메드의 하루

무하메드는 아침 7시에 일어나 물을 끓이고, 동생들 밥을 먹인 뒤 8시 30분까지 옷 공장에 도착하기 위해 8시에 집을 나선다. 옷 공장에서는 실이 끊어지면 묶고, 실이 다 떨어지면 새 실로 바꾸고, 바느질을 다 하고 나면 상자에 담는다. 공장에서 주는 점심을 먹고, 차를 마시는 시간도 잠깐 있지만, 그 시간을 빼고는 저녁 7시 30분까지 일한다. 일이 끝나고 집까지 걸어가면 8시쯤 되는데, 집에 도착하면 어머니가 차려 준 밥을 먹고 잠을 잔다. 이렇게 하루가 지나간다.

무하메드의 벌이는 한 달에 600리라다. 1리라가 397원이니까 23만 8200원이다. 무하메드 식구들이 사는 임대 주택 월세가 400리라니까, 무하메드의 월급이 가계에 큰 도움이 되는 셈이다. 무하메드는 노동 시간이 많기 때문에 학교에 다니지 못한다.

오래전부터 축구공은 어린이들이 만들었다

1994년 미국 월드컵 축구 대회에서 파키스탄 시알코트에서 만든 축구공이 공식 축구공이 된다. 그런데 이 공을 만든 노동자가 어린이라는 사실이 밝혀진다. 더구나 고사리 같은 어린이 손으로 일일이 꿰맨 공인데도 값이 그렇게 비싸지 않았다. 그 까닭은 낮은 임금 때문이었다. 세상 사람들은 깜짝 놀랐다. 축구공 생산은 주로 인도와 파키스탄에서 이루어지고 있다. 축구공은 기계로 만들지 못하고 패널

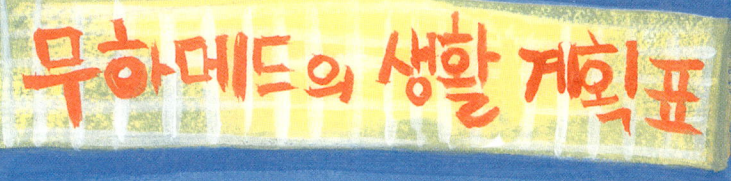

(가죽 조각)을 일일이 사람 손으로 꿰매야 한다. 그런데 아이들은 손이 작기 때문에 어른보다 더 빨리 꿰맬 수 있다. 그래서 오래전부터 축구공은 어린이들이 만들었다.

인도 여자아이 소니아는 다섯 살 때부터 공 꿰매는 일을 했다. 소니아는 아침 7시부터 오후 5시까지 일하고, 공을 한 개 꿰매면 5루피를 받았다. 일곱 살 때 두 눈이 멀었지만 손 감각만으로 공을 꿰맸다. 다행히 열한 살 때 국제앰네스티 인도 지부가 이 공장을 인도 정부에 고발해 공장에서 나올 수 있었다.

1998년 국제축구연맹(FIFA)은 프랑스 월드컵에서 아이들이 만든 축구공을 쓰지 않겠다고 선언한다. 세계 축구공의 60퍼센트를 생산하는 파키스탄 시알코트에서는 1997년만 해도 아이들 7000명이 공을 꿰맸지만 1999년 3월부터는 모두 어른들로 바뀐다. 그리고 그 아이들은 이제 학교에 다닐 수 있게 되었다.

카카오 농장 어린이들은 초콜릿을 먹어 본 적이 없다

1990년대 후반 베트남이나 인도네시아에서는 국제 기업 나이키로부터 주문을 받아 옷과 운동화를 만드는 공장이 많았다. 그런데 그 공장에 어린이 노동자가 있어 문제가 되었다. 공장 사장들은 아주 적은 임금으로 어린이 노동자를 부렸다. 운동화 공장에서 일하는 아이들이 빈혈로 자꾸 쓰러졌다. 영양 부족도 문제이지만 운동화를 만들

때 쓰는 접착제에 마취 작용이 있는 휘발성 액체 벤젠 성분이 들어 있기 때문이었다. 하루 9시간 이상 벤젠 성분 공기를 마시며 일하기 때문에 빈혈, 호흡 장애뿐만 아니라 백혈병에 걸리기도 했다. 더 무서운 것은 아이들이 이런 위험성을 모르고 일을 한다는 것이다. 이런 사실이 알려지자 세계 소비자들은 나이키 제품 불매 운동을 벌인다. 그 뒤 나이키는 생산 공장과 계약을 맺을 때 노동자의 최저 나이를 정했다. 옷 공장에서는 열여섯 살, 신발 공장에서는 열여덟 살 이상이어야만 생산 계약을 맺을 수 있게 된 것이다.

우리나라 사람들은 세계 최대 과일 회사 돌(Dole)에서 생산한 바나나를 많이 먹는다. 이 바나나는 필리핀 민다나오 섬에서 생산한다. 사람들은 값도 싸고, 더 달고 맛있는 바나나를 찾는다. 돌에서는 더 맛있는 품종 하이랜드를 생산했다. 그런데 하이랜드는 해발 800미터 이상 높은 산에서만 자란다. 바나나 농장에서 일하는 아이들은 20킬로그램이 넘는 바나나를 머리에 이고 경사진 길을 오르내리는 중노동에 시달렸다. 더구나 농약 때문에 건강마저 해치고 있었다. 바나나는 필리핀과 더불어 에콰도르에서도 많이 생산한다. 마찬가지로 에콰도르 어린이들도 바나나 농장에서 힘들게 일하고 있다.

초콜릿 상품 가운데 '가나초콜릿'이 있다. 여기서 '가나'는 초콜릿 원료 카카오를 세계에 수출하는 나라 아프리카 '가나'를 말한다. 우리나라 또한 가나에서 카카오를 수입한다. 롯데 가나초콜릿 하나가

1000원이라면 가나의 농장 주인에게 가는 돈은 50원이다. 농장 주인은 이 돈에서 농장에서 일하는 어른 노동자와 어린이 노동자에게 임금을 줘야 한다. 어른 노동자 임금이 10원이라면 어린이 노동자는 5원도 안 된다. 당연히 농장 주인들은 어른보다 아이들을 많이 쓴다. 그래야 이익이 많이 남기 때문이다. 세계 카카오의 36퍼센트를 생산하고 있는 코트디부아르 카카오 농장도 사정은 마찬가지다. 이곳에서도 수만 명에 달하는 어린이 노동자들이 카카오를 따고 운반하고

있다. 어떤 농장에서는 임금도 주지 않고 아이들을 부리고 있다. 아마 이들은 초콜릿을 먹어 본 적이 없을 것이다. 카카오뿐만 아니라 아프리카 커피 농장에도 어른보다 어린이 노동자가 더 많다. 어린이 노동자를 써야 이익이 더 많이 남기 때문이다.

생산자가 제값을 받을 수 있는 거래, 공정 무역

아이들이 일하는 것이 모두 나쁜 것은 아니다. 학교에 다니면서 부모를 돕거나 용돈을 벌기 위해 일하는 것, 동생을 돌보는 일을 우리는 어린이 노동이라 하지 않는다. 어린이 노동이란 아이들의 건강과 성장을 막고 노동 환경이 위험한 노동이다.

1994년 미국 의회는 제3세계 어린이 노동자들이 만든 상품 수입을 막기 위해 '어린이 노동 금지 법안'을 마련한다. 그러자 미국의 수

입 계약이 취소될까 두려워 방글라데시 섬유 공장 사장들은 곧바로 어린이 노동자 7만 명을 해고해 버린다. 그 결과 방글라데시 어린이 노동자들은 섬유 공장보다 더 안 좋은 공장을 찾아갈 수밖에 없었다. 그도 취직하기 힘든 어린이들은 쓰레기장에서 쓰레기를 분리하고, 길에서 물건을 팔거나 구걸을 하고, 땡볕 아래서 벽돌을 밀리고 옮기는 일을 해야 했다.

무엇보다도 이들의 가난을 해결해 주어야 한다. 세계 사람 74억 명 가운데 하루 1달러(1157원, 2016년 7월 8일 환율)가 안 되는 돈으로 살아가는 사람들이 10억 명에 달한다. 또 하루 2달러도 안 되는 돈으로 살아가는 사람이 33억 명이 넘는다. 일을 힘들게 하면서도 임금이 적은 것은 중간에서 이문을 챙기는 유통 구조 때문이다. 그래서 국제앰네스티는 '공정 무역'을 아주 중요하게 여기고 있다. 공정 무역은 한마디로 생산자와 소비자 또는 제조 회사가 직접 거래를 하는 것이다. 소비자와 제조 회사는 정당한 노동 값을 치르고 상품이나 원료를 산다. 아프리카 가나의 쿠아파 코쿠 협동조합은 초콜릿의 원료 카카오 농사를 짓는다. 여기서 생산한 카카오는 세계 여러 나라 초콜릿 제조 공장으로 간다. 이때 초콜릿 제조 회사는 카카오를 제값에 사 간다. 무엇보다도 중간에 유통업자가 없기 때문에 그 값이 높을 수밖에 없다. 물론 제조 회사도 중간 상인 유통업자로부터 사는 것보다 훨씬 싼값에 카카오를 살 수 있다. 이렇게 하면 제조 회사는 질 좋은 카카오를 저렴한 값에 살 수 있어 좋고, 가나의 카카오 농장은 유통업자에게 파는 것보다 더 비싼 값에 팔 수 있어 농장에서 일하는 노동자가 전보다 높은 임금을 받을 수 있는 것이다. 이렇게 그들 스스로 가난을 이겨 낼 수 있도록 도와야 한다. 국제앰네스티는 오늘도 세계 곳곳에서 이런 일을 하고 있다.

우리도 학교에 가고 싶어요!

일을 힘들게 하면서도 임금이 적은 것은 중간에서 이문을 챙기는 유통 구조 때문이다. 그래서 국제앰네스티는 '공정 무역'을 아주 중요하게 여기고 있다.

중간 유통업자를 거치기 때문에 값이 아주 비싸지!

공정 무역은 한마디로 생산자와 소비자 또는 제조 회사가 직접 거래를 하는 것이다.

인간답게 평등하게 그래서 인권
인권 운동가 이야기

2016년 8월 3일 1판 1쇄
2021년 7월 20일 1판 5쇄

글쓴이: 김찬곤 | 그린이: 김주경

기획·편집: 최일주, 이혜정 | 디자인: 김지선 | 교정: 조미숙, 한지연
제작: 박흥기 | 마케팅: 이병규, 이민정, 최다은 | 홍보: 조민희, 강효원

인쇄: 코리아피앤피 | 제책: J&B바인텍

펴낸이: 강맑실 | 펴낸곳: (주)사계절출판사 | 등록: 제406-2003-034호 | 주소: (우)10881 경기도 파주시 회동길 252 | 전화: 031) 955-8588, 8558 | 전송: 마케팅부 031) 955-8595 편집부 031) 955-8596 | 홈페이지: www.sakyejul.net | 전자우편: skj@sakyejul.com | 페이스북: facebook.com/sakyejulkid | 블로그: skjmail.blog.me | 인스타그램: instagram.com/sakyejulkid

ⓒ 김찬곤, 김주경 2016

값은 뒤표지에 적혀 있습니다. 잘못 만든 책은 구입하신 서점에서 바꾸어 드립니다.
사계절출판사는 성장의 의미를 생각합니다. 사계절출판사는 독자 여러분의 의견에 늘 귀 기울이고 있습니다.
이 책은 저작권법에 따라 보호받는 저작물이므로 무단전재와 무단복제를 금합니다.

ISBN 978-89-5828-995-1 73300
ISBN 978-89-5828-770-4 (세트)